"ධම්මෝ හි වාසෙට්ඨා, සෙට්ඨෝ ජනේතස්මිං
දිට්ඨේ චේව ධම්මේ, අභිසම්පරායේ ච."

වාසෙට්ඨයෙනි, මෙලොවෙහි ත්, පරලොවෙහි ත්
ජනයා අතර ධර්මය ම ශ්‍රේෂ්ඨ වෙයි !

- අග්ගඤ්ඤ සූත්‍රය - භාග්‍යවත් බුදුරජාණන් වහන්සේ

නුවණ වැඩෙන බෝසත් කථා - 8

ජාතක පොත් වහන්සේ

(වරණ වර්ගය)

පූජ්‍ය කිරිබත්ගොඩ ඤාණානන්ද ස්වාමීන් වහන්සේ

ISBN : 978-955-687-096-1

ප්‍රථම මුද්‍රණය : ශ්‍රී බු.ව. 2560 ක් වූ ඉල් මස පුන් පොහෝ දින

සම්පාදනය : මහමෙව්නාව භාවනා අසපුව
වඩුවාව, යටිගල්ඔළුව, පොල්ගහවෙල.
දුර : 037 2244602
info@mahamevnawa.lk | www.mahamevnawa.lk

පරිගණක අකුරු සැකසුම, පිටකවර නිර්මාණය සහ ප්‍රකාශනය :
මහාමේඝ ප්‍රකාශකයෝ
වඩුවාව, යටිගල්ඔළුව, පොල්ගහවෙල.
දුර : 037 2053300, 076 8255703
mahameghapublishers@gmail.com

මුද්‍රණය : ලීඩ්ස් ග්‍රැෆික්ස් (පුද්.) සමාගම,
අංක 356 E, පන්නිපිටිය පාර, තලවතුගොඩ.

නුවණ වැඩෙන බෝසත් කථා - 8

ජාතක පොත් වහන්සේ

(වරණ වර්ගය)

සරල සිංහල පරිවර්තනය

පූජ්‍ය කිරිබත්ගොඩ ඤාණානන්ද ස්වාමීන් වහන්සේ

මහාමේඝ

ප්‍රකාශනයකි

පෙරවදන

ජාතක පොත් වහන්සේ ඔබ කියවලා ඇති. කුඩා අවධියේත්, පාසලේදීත්, සරසවියේත්, පන්සලේ බණ මඩුවේත්, වෙසක් නාඩගමේත් අපි ජාතක කථා රස වින්දෙමු. නමුත් එහි සැබෑ අරුත කුමක් දැයි තේරුම් ගන්නට අප සමත් වූ වගක් නම් නොපෙනේ.

'නුවණ වැඩෙන බෝසත් කථා' නමින් ඒ ජාතක කථා ඔබේම භාෂාවෙන් ඔබට කියවන්නට ලැබෙන්නේ එයින් ඉස්මතු වන අරුතත් සමඟිනි. මෙහි අරුත් දැන එම කථාවත් මතක තබා ගෙන සත්පුරුෂ ගුණධර්ම දියුණු කර ගන්නට මහන්සි ගන්නේ නම් එය ජාතක කථාවෙන් ඔබට ලැබෙන සැබෑම ප්‍රතිඵලයයි.

හැම දෙනාටම තෙරුවන් සරණයි!

මෙයට,
ගෞතම බුදු සසුන තුළ මෙත් සිතින්,
පූජ්‍ය කිරිබත්ගොඩ ඥාණානන්ද ස්වාමීන් වහන්සේ
ශ්‍රී බුද්ධ වර්ෂ 2560 ක් වූ වෙසක් මස 31 දා

මහමෙව්නාව භාවනා අසපුව
වඩුවාව, යටිගල්ඔළුව,
පොල්ගහවෙල.

පටුන

8. වරණ වර්ගය

නමෝ තස්ස භගවතෝ අරහතෝ සම්මාසම්බුද්ධස්ස
ඒ භාග්‍යවත් අර්හත් සම්මා සම්බුදුරජාණන් වහන්සේට නමස්කාර වේවා!

01. වරණ ජාතකය

ලුණුවරණ දර කැඩූ කම්මැලියාගේ කථාව

පින්වතුනේ, පින්වත් දරුවනේ,

ඒ දිනවල අපගේ භාග්‍යවතුන් වහන්සේ වැඩ සිටියේ සැවැත්නුවර ජේතවනේ. ඒ කාලේ සැවැත්නුවර තිහක් පමණ වූ තරුණ යහළුවන් පිරිසක් සිටියා. මොවුන් නිතර නිතර ජේතවනයට යන්ට පුරුදු වෙලා සිටියා. භාග්‍යවතුන් වහන්සේ ගෙන් ධර්මය ඇසීම නිසා මොවුන්ටත් පැවිදි වෙන්ට කැමැත්තක් ඇති වුනා. දෙමාපියන්ගෙන් අවසර ගත් සියලු දෙනා පැවිදි වෙන්ට අවශ්‍ය බණ දහම් ඉගෙන ගත්තා. කලක් ගතවෙද්දී විවේකීව බණභාවනා කිරීමේ අවශ්‍යතාවක් ඇතිවුනා. ඈත වනයකට ගොසින් ටික කලක් දිගටම භාවනානුයෝගීව සිටීම පිණිස භාග්‍යවතුන් වහන්සේ බැහැදක දහම් අවවාද ලබාගත්තා. ආචාර්ය උපාධ්‍යායන් වහන්සේලාට වන්දනා කොට පිටත් වුනා.

ඒ සඟ පිරිස අතර කුටුම්බියපුත්තතිස්ස තෙරුන් නමින් එක් කුසීත, හීන වීර්යයෙන් යුතු, රසවත් ආහාරයට ඇලුනු භික්ෂුවක් හිටියා. ඔහු මෙහෙම සිතුවා. 'හප්පේ.... මං කොහොමෙයි වනාන්තරේ ගොහින් වාසය කරන්නේ? මට වනේක ගොහින් වීරිය කරන්ට පුරුදුත් නෑ. ඈතට

පිඬුසිඟා යන්ටත් අමාරුයි. අනේ මට ඔය ගමන ගිහින් වැඩක් වෙන එකක් නෑ. මං නවතිනවා' කියලා ටික දුරක් ඒ භික්ෂූන් සමග ගිහින් සැවැත්නුවර ම නැවතුනා.

අනිත් භික්ෂූන් වහන්සේලා කොසොල් ජනපදයේ චාරිකාවේ වැඩියා. එක්තරා පිටිසර ගමක් හමුවුනා. ඒ ගමට නුදුරින් වනාන්තරයක් තිබුනා. එහි වස් වැසුවා. මහත් වීර්යයෙන් බණභාවනා කොට වස් තුන් මාසය ඇතුළත ඒ සියලු භික්ෂූන් වහන්සේලා රහත්ඵලයට පත් වුනා. වස් පවාරණයෙන් පස්සේ අයෙමත් සැවැත්නුවරට ගොස් භාග්‍යවතුන් වහන්සේව බැහැදක තමන් ලත් ශ්‍රමණඵල දැනුම් දෙන්ට ඕනෑ කියන අදහසින් ඔවුන් නැවත ජේතවනයට වැඩියා. භාග්‍යවතුන් වහන්සේ ඒ භික්ෂූන් වහන්සේලා සමග ඉතාම ප්‍රියමනාප අයුරින් පිළිසඳර කතාබහේ යෙදුනා. ඒ භික්ෂූන් වහන්සේලාත් තම තමන් ලැබූ දියුණුව කියා සිටියා. භාග්‍යවතුන් වහන්සේ ඒ හැම භික්ෂුවකට ම ප්‍රශංසා කොට වදාළා.

ඒ සඟ පිරිසේ කොණක කුටුම්බියපුත්තතිස්ස තෙරුන් වාඩිවෙලා සිටියා. භාග්‍යවතුන් වහන්සේ ඒ භික්ෂූන්ගේ ගුණ කතාව කරනවා අසලා තමන්ටත් සතිපට්ඨානයේ යෙදීම පිණිස උත්සාහ කරන්ට කැමැත්තක් ඇති වුනා. අනිත් භික්ෂූන් වහන්සේලා "ස්වාමීනී භාග්‍යවතුන් වහන්ස, අපි ඒ වනාන්තරේ ම වාසය කරන්ට කැමැතියි" කියලා භාග්‍යවතුන් වහන්සේ ගෙන් නැවත පිටත් වෙන්ට අවසර ගත්තා. එතකොට ඔවුන් සමග වනයට පිටත් වෙන්ට කැමැත්තෙන් සිටි කුටුම්බියපුත්තතිස්ස මහා රෑ ජාමේ සක්මන් කරන්ට ගොහින් සිටගෙන නින්දට වැටුනා. සක්මනේ ම ඇදගෙන වැටිලා කලවා ඇටය බිඳුනා. මහත් වේදනාවෙන් කෙඳිරි

ගාන්නට පටන් ගත්තා. ඒ තෙරුන්ට උපස්ථාන කරන්ට සිදුවීම නිසා ඔවුන් සිතා සිටි ආකාරයට ගමන පිටත් වෙන්ට බැරි වුනා.

ඒ භික්ෂූන් වහන්සේලා සවස භාග්‍යවතුන් වහන්සේට වන්දනා කරන්ට වැඩිය අවස්ථාවේ විමසා වදාළා. "මහණෙනි, අද පිටත් වෙන බවට ඊයෙත් මට මතක් කළා නේද?" "එහෙමයි ස්වාමීනි, නමුත් අපගේ කුටුම්බියපුත්තතිස්ස තෙරුන් දැඩි වීරියක් ගෙන මහණදම් පුරන්ට ගොහින් නිදිභරිතව සක්මනේ වැටිලා කලවා ඇටය බිඳුනා. ඔහුට උපස්ථාන කරන නිසා අපට ගමන යන්ට බැරි වුනා."

"මහණෙනි, පෙර ආත්මෙකත් ඔහොම තමයි. දැන් විතරක් නොවෙයි. අවශ්‍ය වෙලාවේ වීරිය කළේ නෑ. හීන වීරියෙන් යුක්තව ඉඳලා නුසුදුසු වෙලාවේ වීරිය කරන්ට ගොහින් අද වගේම එදාත් ඔබගේ ගමනට අන්තරාය කළා."

එතකොට භික්ෂූන් වහන්සේලා යටගිය දවස වූ ඒ සිදුවීම කියාදෙන්ට කියා භාග්‍යවතුන් වහන්සේගෙන් ඉල්ලා සිටියා. භාග්‍යවතුන් වහන්සේ මේ ජාතකය වදාළා.

"මහණෙනි, ගොඩාක් ඉස්සර කාලෙක ගන්ධාර රටේ තක්සිලාවෙහි බෝධිසත්වයන් දිසාපාමොක් ආචාර්යව පන්සියයක් තරුණයන්ට ශිල්ප ඉගැන්නුවා. දවසක් ඒ තරුණයෝ දර ගෙන එනු පිණිස වනාන්තරේට ගියා. ඔවුන් අතර එක් කම්මැලි තරුණයෙක් සිටියා. ඔහු ලුණුවරණ ගහක් දැකලා ඒ ගහ හොඳට වේළුනු ගසක් ය, ලේසියෙන් ඒ ගසේ දර කඩාගන්නට පුළුවනි, ඒ නිසා එතැන ම ටිකක් වෙලා නිදාගෙන පස්සේ දර කඩාගෙන

යනවා කියලා සිතුවා. උතුරුසළුව බිම එළාගෙන ටිකක් හාන්සි වුනා. හොඳටම නින්ද ගියා. ගොරව ගොරවා නිදාගත්තා.

අනිත් තරුණයන් තම තමන්ගේ දරමිටි බැඳ ගෙන යන ගමන් පාදයෙන් තට්ටු කොට ඔහුව නැගිටුවා පිටත්ව ගියා. මොහු කලබලයට නැගිට්ටා. අත්වලින් ඇස් පොඩි කරමින් නිදිමතේ ම ගහට නැග්ගා. ලුණුවරණ අතු තමන්ගේ පැත්තට ඇද කඩද්දී අත්තක කොනක් තමන්ගේ ඇසේ වැදුනා. ඇසක් හොඳටම තුවාල වුනා. එක අතකින් ඇසත් වසාගෙන අනිත් අතින් අමු ලුණුවරණ දර කඩාගෙන මිටියක් බැඳගෙන වේගයෙන් ගිහින් අර වියලි දර උඩින් දැම්මා. පසුවදා එක්තරා ජනපද ගමක ගෙදරක උත්සවයක් වෙනුවෙන් බ්‍රාහ්මණයන්ට වේදමන්ත්‍ර කීම පිණිස ආරාධනාවක් ලැබිලා තිබුනා. එදා රෑ දිසාපාමොක් ආචාර්යතුමා සිසුන් ඇමතුවා.

"දරුවෙනි, හෙට ගමකට යන්ට තියෙනවා. ටිකක් දුර නිසා බඩගින්නේ යෑම අපහසුයි. උදේම කැඳ පිසවාගෙන තම තමන්ගේ කොටසත් අපේ කොටසත් අරගෙන පිටත්වෙන්ට ඕනෑ..."

ඔවුන් තමන්ට කැඳ පිසින්ට කියලා දාසිය උදේම නැගිට්ටෙව්වා. ඇය කැඳ පිසීමට දර ගනිද්දී උඩින්ම තිබුණු අමුදර රැගෙන ලිපට දමා නැවත නැවත බොහෝ වෙලාවක් කටින් පිඹිමින් ලිප අවුලුවන්නට මහන්සි ගනිද්දිම හිරු උදා වුනා. තරුණයෝ "අයියෝ.... දවල් වුනා නොවැ. දැන් යන්ට විදිහක් නෑ" කියලා ආචාර්යතුමාට කිව්වා. ප්‍රමාදයට හේතු අසද්දී කම්මැලි තරුණයාගේ ක්‍රියාව හේතුවෙන් තමන්ගේ ගමන පමා වූ බව කියා

සිටියා. මෝඩයන් එක්ක වැඩ කරන්ට ගියාම ඔහොම පාඩු සිදුවෙනවා කියා ආචාර්යතුමා මේ ගාථාව පැවසුවා.

"යමෙක් කලින් කළයුතු දේ
ඒ වෙලාවෙ නොකරන්නේ
පස්සේ ඒ දෙය කරන්ට
ආසා ඇති කරගන්නේ
නුසුදුසු තැන වීරිය කොට
නැති කරදර ඇතිවන්නේ
පසුතැවෙනව පස්සේ ඔහු
අමුදර කැඩුවා වැන්නේ"

"මහණෙනි, ඔය භික්ෂුව ඒ කාලෙත් ඔහොම තමයි. අනවශ්‍ය වෙලාවට අධික වේගයෙන් වැඩ කරන්ට ගොහින් තමනුත් කරදරේ වැටිලා අන් අයවත් අපහසුතාවයට පත් කරනවා. එදා කලබලේට දරකඩන්ට ගොහින් ඇසක් බිඳගත් තරුණයාව සිටියේ මෙදා කලබලේට භාවනා කරන්ට ගොහින් කලවා ඇටය බිඳගත් භික්ෂුවයි. අනිත් තරුණ පිරිස බුදුපිරිසයි. ආචාර්ය බ්‍රාහ්මණයාව සිටියේ මම යි" කියා භාග්‍යවතුන් වහන්සේ මේ ජාතකය වදාළා.

02. සීලවනාගරාජ ජාතකය

සීලවනාගරාජ ඇත් රජා ගේ කථාව

පින්වතුනේ, පින්වත් දරුවනේ,

ඒ දිනවල අපගේ භාග්‍යවතුන් වහන්සේ වැඩ වාසය කළේ රජගහනුවර වේළුවනේ. ඒ කාලේ දේවදත්ත නිසා අපේ භාග්‍යවතුන් වහන්සේට නොයෙක් කරදරවලට මුහුණ දෙන්න සිදුවුනා. එදා දම්සභා මණ්ඩපයේ රැස් වූ භික්ෂූන් වහන්සේලා දෙව්දත් ගැන කතා කරමින් සිටියා.

"අනේ ඇවැත්නි, අසත්පුරුෂයාගේ ස්වභාවය හරි පුදුමයි. දෙව්දත් තුළ කෙළෙහි ගුණ මාත්‍රයක් නෑ. භාග්‍යවතුන් වහන්සේගෙන් ඔහුට මොනතරම් උපකාර ලැබුන ද. ඒ එකක්වත් සිහිකරගන්ට බැහැ නොවැ" ඒ අවස්ථාවේ භාග්‍යවතුන් වහන්සේ එතැනට වැඩම කොට පණවන ලද ආසනයෙහි වැඩ සිටියා. එතකොට භික්ෂූන් වහන්සේලා තමන් කතාබස් කරමින් සිටිය කරුණ ගැන භාග්‍යවතුන් වහන්සේට සැලකළා. භාග්‍යවතුන් වහන්සේ මෙසේ වදාළා.

"මහණෙනි, කලින් ආත්මවලත් දේවදත්ත ඔහොම තමයි. කෙළෙහිගුණ මාත්‍රයක් තිබුනේ නෑ. එදාත් මාව හඳුනාගන්නට බැරිවුනා...."

එතකොට භික්ෂූන් වහන්සේලා දෙව්දත් ගැන වූ

ඒ යටගිය දවස සිදුවීම කියාදෙන්ට කියා භාග්‍යවතුන් වහන්සේ ගෙන් ඉල්ලා සිටියා.

"මහණෙනි, බොහොම ඉස්සර කාලෙක බරණැස්නුවර බ්‍රහ්මදත්ත නම් රජ්ජුරුකෙනෙක් රාජ්‍ය කළා. ඒ කාලේ මහාබෝධිසත්වයෝ හිමාලවනයේ ඇත්යෝනියේ ඉපිද සිටියා. ඒ ඇතා මව්කුසෙන් බිහිවෙනකොට ම තනිසුදුපාටයි. ඇඟ රිදී පිඩක් වගේ ලස්සනයි. ඇස් දෙක මැණික්ගුලි දෙකක් වගෙයි. මුඛය රත්කම්බිලියක් වගෙයි. හොඬවැල රතු රන් බින්දු විසිරුනු රිදී දමක් වගෙයි. සතරපාදයන් ලතු ගෑ කලක මෙන් ලස්සනට ඉතාම දැකුම්කළු රූපශෝභාවකින් හිටියා. මේ ලස්සන ඇත්රජාට උපස්ථාන කරන්ට හිමාලවනයේ සියලුම ඇත්තු එනවා. මොහු ගේ පිරිවරට අසූදහසක ඇත්තු සිටියා.

පස්සේ කාලෙක මේ ඇත්රජා පිරිස් සමග වාසය කරන්ට කැමැති වුනේ නෑ. පිරිසෙන් වෙන් වෙලා තනිව ම කැලේ වාසය කළා. මේ ඇත්රජා ඉතා සිල්වත් නිසා 'සීලවනාගරාජ' කියලා ප්‍රසිද්ධ වුනා. දවසක් බරණැස ඉඳන් කැලේ ඇවිදින්ට ආපු කෙනෙක් හිමාල වනයට ගොහින් තමන්ට ජීවත් වීම පිණිස නොයෙක් බඩුභාණ්ඩ සොයා ගියා. නමුත් එදා ඔහුට පාර වැරදුනා. මං මුළාවීමෙන් මරණභය ඇතිවෙලා හිසඅත් බැඳගෙන වැලපෙන්ට පටන් ගත්තා.

බෝසත් ඇත් රජාට මේ හඬාවැලපෙන පුරුෂයා දකින්ට ලැබුනා. මොහුව මේ දුකින් නිදහස් කරන්ට ඕනෑ යන කරුණාවෙන් මොහු ළඟට පැමිණියා. එතකොට ඔහු තවත් භයට පත්වෙලා පලා ගියා. බෝධිසත්වයෝ පලායන

ඔහු දැක එතැනම නැවතුනා. එතකොට ඒ පුරුෂයත් නැවතුනා. එතකොට බෝධිසත්වයන් ඔහු ළඟට ගියා. එතකොට ඔහු ආයෙමත් පලා ගිහින් බෝධිසත්වයෝ නැවතුන විට නැවතිලා කල්පනා කළා 'මේ ඇත් රජා මං පලා යද්දී නවතිනවා. නවතිනකොට ළඟට එනවා. මෙයා මට නපුරක් කරින්ට ආපු කෙනෙක් නොවෙයි. මාව මේ විපැත්තියෙන් බේරන්ට ආපු කෙනෙක්' කියලා හිතට වීර්යය අරගෙන නැවතුනා. බෝධිසත්වයෝ ළඟට ඇවිත් මෙහෙම ඇහැව්වා. "භවත් පුරුෂය, ඇයි ඔයා මේ හඬ හඬා ඇවිදින්නේ?" "අනේ ස්වාමී.... මට යන්ට ඕනෑ දිසාව හොයා ගන්ට බෑ. මං මුළාවුනා. මං මහා මරණභයකින් ඉන්නේ"

එතකොට බෝධිසත්වයන් ඔහුව තමන් වාසය කරන තැනට කැඳවාගෙන ගියා. දවස් කීපයක් පලතුරු වලින් සංග්‍රහ කළා. "භවත් පුරුෂය.... භය ගන්ට කාරි නෑ. මං ඔයාව මිනිස් පියසට පමුණුවන්නම්" කියලා තමන්ගේ පිටේ හිඳුවා ගත්තා. මිනිස් පියසට ඇරලෙව්වා. අර මිනිහා ඇත්රජාගේ පිටමතින් යද්දී ආපහු එන්ට පුළුවන් විදිහට පර්වත, මහගස් ආදී සලකුණු මතක තියා ගත්තා. බෝධිසත්වයෝ වනයෙන් එළියට ඇවිත් බරණැසට යන මාර්ගය කියලා "භවත් පුරුෂය, ඔයා මේ පාර දිගේ ම යන්න. දැන් සුවසේ යන්ට පුළුවනි. හැබැයි කා එක්කවත් මං ගැන කියන්ට එපා" කියලා පිටත් කෙරෙව්වා.

ඒ පුරුෂයා බරණැසට ගිහින් කෙලින් ම ඇත්දත් කැටයම්කරුවන් ගේ වීදියට ගියා. ඇත්දත් කැටයම්කරුවන් කැටයම් කරමින් සිටිනා තැනට ගිහින් "භවත, පණපිටින් ඉන්න ඇතෙකු ගේ ජීවදන්ත ලැබුණොත් ගන්නවාද?" "ආහා.... තමුසේ මොනා

කියනවා ද. මළ ඇත්තුන්ගේ දළවලට වඩා වටින්නේ ජීවදන්ත නොවැ. මොකෝ තමුසේ ළඟ ජීවදන්ත තියේද?" "හරි.... මං ඔබට ජීවදන්ත ගෙනෙන්නම්කෝ" කියලා මොහු නැවතත් මගතොටට ආවා. දැන් දැති කියතක් අරගෙන බෝධිසත්වයන් වසනා තැනට හොයාගෙන ගියා. බෝධිසත්වයන් ඔහු දැකලා, " ආයෙමත් ආවේ මොකවත් ඕනෑ වෙලාද?" "අනේ ස්වාමී.... මං දිළින්දෙක්. දුගියෙක්. ජීවත්වෙන්ට විදියක් නෑ. නුඹවහන්සේ ගේ දළ කැල්ලක් ඉල්ලාගන්ටයි මං ආවේ. ඉදින් දෙන සේක් නම් අරගෙන ගිහින් විකුණලා ඒ මිලෙන් ජීවත්වෙන්ට පුළුවනි. එහෙම සිතලයි ආවේ."

"කමක් නෑ භවත. මං ඔයාට දළ කැල්ලක් දෙන්නම්. ඉතින් මගේ දළ කපාගන්ට කියතක් තියෙනවා ද?" "එහෙමයි.... මං කියතකුත් අරගෙන ම යි ආවේ" "එහෙනම් ඔය කියතින් දළ කපාගෙන යන්ට" කියලා සීලවනාගරාජයා පා හකුලාගෙන ගවයෙක් වගේ වාඩි වුනා. අර පුරුෂයා ඇත්රජාගේ දළ අගින් කොටසක් කපාගත්තා. බෝධිසත්වයෝ ඒ දළකැබලි දෙක හොඬින් ගත්තා. "භවත් පුරුෂය, මං මේ දළ ඔයාට දෙන්නේ දළ ගැන අප්‍රියකින් එපාවෙලා නොවෙයි. මට මේ දළට වඩා සියදහස් ගුණයකින් බුදුවන්ට ආසයි. මට මේ පින බුදුබව ලබාගන්ට හේතු වේවා!" කියලා දළයුගල දුන්නා.

ඒ මිනිහා දළරැගෙන කඩපිලට ගොහින් විකුණා ගත් මුදල් වියදම් කරගත්තා. නැවතත් බෝධිසත්වයන් ළඟට ගියා. "අනේ ස්වාමී.... නුඹවහන්සේ ගේ දළ කැබලි දෙක විකුණාගත් මුදල මට මගේ ණයතුරුස් ටිකවත් බේරාගන්ට තරම් ප්‍රමාණවත් වුනේ නෑ. ඉතුරු දළ දෙකත් දෙනු මැනව." බෝධිසත්වයෝ කලින් වගේම දළ

දෙකේ ඉතුරු කොටස් දෙකත් කපාගෙන යන්ට අවසර දුන්නා. මොහු ඒ දළ දෙකත් විකුණාගෙන නැවතත් ආවා. "අනේ ස්වාමී.... ජීවත් වෙන්ට විදියක් නෑ. ඔය මුල් දළ දෙකත් දෙනු මැනව." එතකොට බෝධිසත්වයෝ කලින් වගේම දළ කපා ගැනීම පිණිස දේහය වකුටුකොට වාඩිවුනා. මේ අසත්පුරුෂයා උතුම් ඇත්රජාගේ රිදී දමක් බඳු මහාසොඬ පාගාගෙන කුම්බස්තලයට නැගලා දළ දෙකේ මුලට විළුඹින් පහර දෙමින් මස් ඇත් කොට කුඹමත ම හිඳගෙන දැති කියතෙන් ලේ වගුරුවමින් මුල්දළ කපාගෙන පිටත්වෙලා ගියා.

බෝධිසත්වයන් තමා දෙසත් නොබලා යන ඒ මිනිසා දෙස බලා සිටියා. ටිකෙන් ටික ඔහු නොපෙනී ගියා. බෝධිසත්වයන් ගේ දර්ශනයෙන් නොපෙනී යනවාත් සමඟ ම නොයෙක් අසුචි මළ මුත්‍රාදිය දරාගන්ට සමත් සාරනහුතයක් අධික කොට යොදුන් දෙලක්ෂයකින් යුතු මේ මහාඝනකඩ බොල්පොළොව පැලී අවීචි මහානරකාදියෙන් ගිනිදැල් නික්මී කුලසන්තක රත්පලසක් පොරවන සේ වෙලී ඒ කෙලෙහිගුණ රහිත පාපී පුද්ගලයා නිරයේ උපන්නා.

ඔහු පොළොවේ ගිලී ගිය විට ඒ වනවදුලේ සිටි රුක්දෙවියෙක් "අහෝ...! කෙලෙහිගුණ නොදත්, මිත්‍රද්‍රෝහී පුද්ගලයාට සක්විති රජකම දුන්නත් සතුටු කරවන්ට බෑ" කියා මේ ගාථාව පැවසුවා.

"අන් අයගේ සිදුරු ම පෙනෙනා තම දෑසට
කළ උපකාරය නොදකින හිස් මිනිසා හට
මුළු පොළොව ම දුන්න නමුත් ඔහුට තෑගි කොට
පත්වන්නේ නෑ කිසිදා ඔහු සෑහීමට"

මහණෙනි, එදාත් දේවදත්තට කළ උපකාරය සිහිකරන්ට හැකියාවක් තිබුනේ නෑ. එදා ඒ මිත්‍රද්‍රෝහී මිනිසාව සිටියේ දේවදත්ත. රුක් දෙවියා වෙලා සිටියේ අපේ සාරිපුත්තයන්. සීලවනාගරජ වෙලා සිටියේ මම යි කියා භාග්‍යවතුන් වහන්සේ මේ ජාතකය වදාළා.

03. සච්චංකිර ජාතකය

නුවණැත්තන් කියූ සත්‍ය ගැන කතාව

පින්වතුනේ, පින්වත් දරුවනේ,

ඒ දිනවල භාග්‍යවතුන් වහන්සේ වැඩ වාසය කළේ රජගහනුවර වේළුවනයේ. ඒ කාලේ දේවදත්ත භාග්‍යවතුන් වහන්සේව ඝාතනය කරනා වියරුවෙන් පෙළී සිටිය නිසා බොහෝ භික්ෂූන් වහන්සේලා මේ ගැන කණස්සල්ලෙන් ගත කළා. දම්සභා මණ්ඩපයේදීත් නිතර කතාබස් කළේ මේ ගැනම යි. එදාත් දම්සභා මණ්ඩපයේ දී දේවදත්ත ගැන කතාබස් කරමින් සිටියා.

"අනේ ඇවැත්නි.... දේවදත්ත කොහොම ද ඕවා හිතන්නේ. තමන් සරණ ගිය තමන්ගේ ම ශාස්තෲන් වහන්සේව මරන්ට කල්පනා කිරීම මොනතරම් පුදුම සහගත දෙයක් ද?" ඒ අවස්ථාවේ භාග්‍යවතුන් වහන්සේ එතැනට වැඩම කොට පණවන ලද ආසනයේ වැඩ සිටියා. එතකොට භික්ෂූන් වහන්සේලා තමන් කතාබස් කරමින් සිටි කරුණ ගැන භාග්‍යවතුන් වහන්සේට සැළකළා. භාග්‍යවතුන් වහන්සේ මෙසේ වදාළා.

"මහණෙනි, දේවදත්ත තථාගතයන්ව මරන්ට මහන්සි ගත්තේ මේ ආත්මයේ විතරක් නොවෙයි. පෙර ආත්මයේ තථාගතයන් ගේ බෝසත් අවදියේ දී ත් ඔහු

උත්සාහ කර තියෙන්නේ ඒකට ම යි."

එතකොට භික්ෂූන් වහන්සේලා යටගිය දවස වූ ඒ සිදුවීම කියාදෙන්ට කියලා භාග්‍යවතුන් වහන්සේ ගෙන් ඉල්ලා සිටියා. භාග්‍යවතුන් වහන්සේ මේ ජාතකය වදාළා.

"මහණෙනි, බොහෝම ඉස්සර කාලෙක බරණැස්නුවර බ්‍රහ්මදත්ත නම් රජ්ජුරු කෙනෙක් රාජ්‍ය කළා. ඒ කාලේ ඒ රජ්ජුරුවන්ට 'දුට්ඨකුමාරයා' නමින් පුතෙක් සිටියා. ඔහු හරි දරුණුයි. කර්කශයි. එරුසයි. ගුටිකාපු නයෙක් වගේ හිටියේ. ආක්‍රෝශ නොකොට පහර නොදී කා එක්කවත් කතා කරන්නේ නෑ. ඔහු සිටියේ බොහෝ ජනයාගේ ඇසේ වැටුනු රොඩ්ඩක් වගේ, කන්ට ආපු පිශාචයෙක් වගේ. කවුරුවත් මොහුට කැමති නෑ.

දවසක් මොහු ජලක්‍රීඩා කරන්ට ගංගා නම් ගඟට ගියා. එදා හතර වටින් කළු වළාකුළු පැන නැංගා. හැම තැන අන්ධකාර වුනා. මොහු සේවකයන්ට කෑ ගැහැව්වා. "එම්බල දාසයිනි, තොපි බලා ඉන්නේ මොකොද? මාව අරගෙන ගංගාවේ මැදට ගොහින් හොඳහැටි නාවලා එක්කන් වර" සේවක ජනයා මොහුව රැගෙන ගංගාව මැදට ගියා.

"රජ්ජුරුවෝ අපට මක් කොරන්ටද? මේ පුද්ගලයා මෙතැන කම්මුතු කොරන්ට ඕනෑ" කියලා 'පල කාලකණ්ණියා යන දිහාවක' කියලා දුට්ඨකුමාරයාව ගඟේ මැද ගිල්ලවා ඔවුන් ගොඩට ඇවිත් මාළිගාවට ගියා. 'කුමාරයා කොහේද?' කියලා රාජපුරුෂයෝ ඇහැව්වා. " ඇයි.... තාම ආවේ නැද්ද? අපි හිතුවේ අපට කලින් එන්ට ඇති කියලයි" කියලා සේවකයෝ කිව්වා. රජ්ජුරුවන්ට මේ කාරණය දැනුම් දුන්නා. රජ්ජුරුවෝ සේනාව දම්මලා

හැම තැන ම සෙව්වා. සොයාගන්ට බැරි වුනා. නමුත් කුමාරයා ගඟේ ගසාගෙන යන දරකොටයක් අල්ලා ගෙන මරණභයෙන් හඬ හඬා පහලට ගියා.

ඒ කාලේ බරණැස හිටපු එක් සිටුවරයෙක් ගං ඉවුරේ හතළිස් කෝටියක ධනයක් නිධන් කොට තිබුනා. ධන තණ්හාව නිසා ඒ ධනය මත ම සර්පයෙක් වෙලා උපන්නා. තව සිටුවරයෙක් ඊට කිට්ටුවෙන් තිස් කෝටියක ධනය නිධන් කොට තිබුනා. ඔහු මිය ගිහින් එතනැම මීයෙක් වෙලා උපන්නා. එදා ඔවුන් වසන තැනටත් වතුර ගැලුවා. ඔවුනුත් වතුරේ ම පිහිනා ගිහින් කුමාරයා අල්ලාගෙන සිටිය දර කොටේ ම පැත්තකින් ගොඩ වුනා. ඔය ගංතෙරේ ම එක් ඉඹුල් රුකක තිබුනු බෙණයක ගිරාපැටියෙක් සිටියා. ඉඹුල්ගස් මුල වතුරේ සැඩ පහරට බුරුල් වෙලා ගහ කඩාගෙන වතුරට වැටුනා. ගිරා පැටියත් වැස්සේ ම යන්ට තැනක් නැතිව ගසාගෙන යන අර දර කොටේට ම ගොඩ වුනා. දැන් එකම දර කොටේ එල්ලිලා සතර දෙනෙක් පහළට ගසාගෙන යනවා.

ඒ කාලේ මහාබෝධිසත්වයන් කාසි රටේ උසස් බමුණු පවුලක ඉපදිලා තාපසයෙක් වෙලා ගංගාවේ සැඩ පහර පවතින එක් ප්‍රදේශයක කුටියක් හදාගෙන වාසය කළා. මේ තාපසතුමාට මහ රෑ උපකාර ඉල්ලමින් කෑගසමින් යන හඬක් ඇසී කුටියෙන් එළියට ආවා. " භය වෙන්ට එපා.... භය වෙන්ට එපා... අපි එනවා" කියා බෝධිසත්වයන් වහාම වතුරට පැන පිහිනාගෙන එතැනට ගියා. සැඩපහර බිඳගෙන ඒ දර කොටේ එක් පැත්තකින් ඇදගෙන ආවා. ඉස්සෙල්ලා ම කුමාරයාව ඔසොවාගෙන ඇවිත් ගොඩින් තිබ්බා. ඊළඟට අනිත් සතුන්වත් දැක්කා. ඔවුන්වත් ගොඩට ගත්තා. කුටියට

ගෙනිහින් ගිනි ගොඩක් ගසා ගිනි තපින්ට සැලැස්සුවා. ගොඩාක් දුර්වලව සිටි සත්තුන්ට ඉස්සෙල්ලා ම ගිනි තපින්ට සැලැස්සුවා. පස්සේ රාජකුමාරයාට ගිනි තපින්ට සැලැස්සුවා. ආහාර දෙද්දී ඉස්සෙල්ලා ම කුඩා සතුන්ට දුන්නා. පස්සේ රාජකුමාරයාට දුන්නා.

එතකොට රාජකුමාරයා මෙහෙම හිතුවා 'හොඳයි කෝ.... හිටපන් තොට මං කරන දේ.... මේ තක්කඩි තාපසයා මං රාජකුමාරයෙක් බව යාන්තමකට හිතුවද! මේකා සත්කාර සම්මාන කරන්නේ තිරිසන් සතුන්ට නොවැ' කියලා බෝධිසත්වයන් ගැන වෛර බැඳ ගත්තා. ටික දවසකින් සියලු දෙනා ම සුවපත් වුනා. ගංගාවේ සැඩ පහර නැවතිලා ජලය සාමාන්‍ය තත්වයට පත් වුනාම සර්පයා ඇවිත් තාපසයාට වැන්දා. "ස්වාමීනී, ඔබ මට මහත් සේ උපකාර කළා. මං දිළිඳු කෙනෙක් නොවේ. අසවල් තැන මගේ හතළිස් කෝටියක ධනය තියෙනවා. ධනයෙන් වැඩක් ඇත්නම් ඒ ඔක්කොම වුනත් ඔබට දෙන්ට මට පුළුවනි. එතැනට ඇවිත් 'දීඝ' කියා මා අමතන්ට. එතකොට මං එන්නම්" කියලා සර්පයා යන්ට ගියා. මීයාත් ඇවිත් තාපසයට වැඳලා අර විදිහට ම කිව්වා. එතැනට ඇවිත් 'උන්දූර' කියලා කථා කළ ගමන් එනවා කියලත් කිව්වා.

ගිරවාත් ඇවිත් තාපසයාට වන්දනා කළා. "ස්වාමීනී, මට ධනයක් නෑ. නමුත් රත්හැල් වලින් ප්‍රයෝජන ඇත්නම් අසවල් තැනට ඇවිත් 'සුව' කියා මට කතා කරන්ට. එතකොට මගේ ඤාතීන්ට කියලා ගැල් කීපයකට සෑහෙන්ට වුනත් රත්සහල් දෙන්ට පුළුවනි" කියලා පිටත්ව ගියා. රාජකුමාරයාත් තාපසයා ළඟට ඇවිත් 'තෝ වරෙන්කෝ මං ළඟට. මං එදාට බලා

ගන්නම්' කියලා හිතාගෙන මෙහෙම කිව්වා. "ස්වාමීනී, මං රාජ්‍යයේ පිහිටි කාලෙට ඒ පැත්තේ එන්ට. මං ඔබට සිව්පසයෙන් උපස්ථාන කරන්නම්" කියලා පිටත්ව ගියා.

ටික කාලයකින් දුට්ඨකුමාරයා රජ වුනා. බෝධිසත්වයොත් ඔවුන්ව විමසන්ට ඕනෑ කියලා මුලින් ම සර්පයා කිවූ තැනට ගිහින් 'දීඝ' කියලා කතා කළා. ඒ එක වචනයෙන් ම සර්පයා ආවා. බෝධිසත්වයන්ට වන්දනා කළා. "ස්වාමීනී.... මෙන්න මෙතැනයි මං තැන්පත් කළ ධනය තියෙන්නේ. ඒ ඔක්කොම අරගෙන යන්ට" කිව්වා. "හොඳයි.... මට ඕනෑ වුනොත් මං කියන්නම්" කියලා එතැනින් පිටත්ව මීයා ඉන්න තැනටත් ගිහින් කතා කළා. මීයත් ඒ විදිහට ම කටයුතු කළා. ඊට පස්සේ තාපසයා ගිරවා ළඟට ගිහින් කතා කළා. ගිරවත් හිමාලයෙන් රත්හැල් ගෙනත් දෙන්ට සූදානම් වුනා. ඔහුවත් නවත්වා දැන් රජ්ජුරුවන් ගැනත් විමසා බලන්ට ඕනෑ කියලා බරණැසට ගිහින් රජඋයනේ නැවතිලා පසුවදා නගරයට පිඬුසිඟා වැඩියා.

එදා ඒ මිත්‍රද්‍රෝහී රජා ඇතා පිටින් නගරය ප්‍රදක්ෂිණා කරමින් සිටියා. ඔහු බෝධිසත්වයන්ව දුර දී ම දැක්කා. 'ආ... හා... අර ඉන්නේ... කූට තාපසයා ඇවිත්. මගේ ළඟට ඇවිත් හොඳට කාලා බීලා ඉන්ට ආසා ඇති. මේකා පිරිස මැද්දේ මගේ ගුණ කියන්නේ නැත්නම් එතැනම බෙල්ල ගහලා දානවා' කියලා සිතලා රාජපුරුෂයන් දෙස බැලුවා. "දේවයන් වහන්ස, කුමක් ද කරන්ට තියෙන්නේ?" "දැක්කා ද අර කූට තාපසයා? ඕකා ඇවිත් ඉන්නේ මගෙන් මොකවත් ගන්ටයි. ඔය කාලකණ්ණි තාපසයාට මාව දකින්ටවත් ඉඩ තියන්ට එපා. දැත් පිටුපසට කොට බැඳලා හැම සතර මං

හන්දියක් ළඟදී පහර දීලා නුවර පිටත ඇති වධක භූමියේ දී හිස ගසා දමන්ට ඕනෑ. ඊට පස්සේ ශරීරය උලමත තියාපන්" "එසේය දේවයන් වහන්ස" කියලා රාජ පුරුෂයෝ බෝධිසත්වයන්ගේ දෑත් පිටුපසට කොට බැඳ පහර දිදී අරගෙන යද්දී පහර දෙන වෙලාවට නොහඬා නොවැලපී මේ ගාථාව කියනවා.

"ලොවේ සිටින නුවණැත්තෝ -
ඇත්තක් ම යි කියා තිබෙන්නේ
දියෙහි ගසාගෙන යන දර -
ගොඩ දැමීම උතුම් කියන්නේ
කළගුණ දන්නැති මිනිසා -
දියෙහි ගසාගෙන යන්නට හැරදාපන්නේ
එබඳු පව්ටු මිනිසෙකු -
ගොඩ ගැනීම නම් උතුම් නොවන්නේ"

දිගින් දිගටම පහර දෙන විට හැම අවස්ථාවේ ම තාපසයා කියන මේ ගාථාවේ තේරුම කුමක්ද කියලා එතැන සිටිය පණ්ඩිත මිනිස්සු ඇහැව්වා. "එම්බා පැවිද්ද, තා විසින් අපගේ රජ්ජුරුවන් වහන්සේ ගේ කිසියම් ගුණයක් ද ඔය කියන්නේ?" බෝධිසත්වයන් සිදු වූ හැම දෙයක් ම කිව්වා. "මහා සැඩපහරේ ගසාගෙන යද්දී මොහුව බේරා ගැනීමෙන් මම ම යි මගේ දුක උපදවාගෙන තියෙන්නේ."

එතකොට ක්ෂත්‍රියවරු, බ්‍රාහ්මණවරු, නගරවාසීන් රජු කෙරෙහි හොඳට ම කිපුනා. ගල් මුගුරු සැත් ආදියෙන් පහර දී රජුව ඇත්කඳ මත ම මරා දැම්මා. බෝධිසත්වයන්ව රජකමේ පිහිටෙව්වා.

බෝධිසත්වයෝ ඉතා ධාර්මිකව රජකම් කළා.

දවසක් මහත් පෙරහරින් තම යහළු සර්පයා වසන තැනට ගිහින් 'දීඝ' කියලා ඔහුව කැඳෙව්වා. සර්පයා එළියට ඇවිත් තමන් සතු හතළිස් කෝටියක සියලු ධනය රජ්ජුරුවන්ට දුන්නා. මීයාටත් කතා කළා. මීයාත් ඇවිත් තමන් සතු තිස්කෝටියක ධනය රජ්ජුරුවන්ට දුන්නා. ගිරවා ළඟට ගිහින් කතා කළා. ගිරවාත් ඇවිදින් රත්සහල් ගෙනත් දෙන්ට සූදානම් වුනා. අවශ්‍යතාවක් ඇතොත් කියන්නම් කියලා සැත්තෑකෝටියක ධනය රැගෙන ගියා. සර්පයාට වසන්ට රාජ තුඹසක් කෙරෙව්වා. මීයාට වසන්ට පළිඟු ගුහාවක් කෙරෙව්වා. ගිරවාටත් රාජ කූඩුවක් කෙරෙව්වා. සර්පයාටත් ගිරවාටත් රන් තැටියේ විලඳ මීපැණි දුන්නා. මීයාට සුවඳ ඇල් සහල් දුන්නා.

මහණෙනි, අද විතරක් නොවේ. දේවදත්ත එදාත් මාව මරන්ට ම යි මහන්සි ගත්තේ. එදා දුට්ඨරාජ වෙලා සිටියේ දේවදත්ත. සර්පයා වෙලා සිටියේ සාරිපුත්ත. මීයා වෙලා සිටියේ මොග්ගල්ලාන. ගිරවා වෙලා සිටියේ ආනන්දයන්. රජ බවට පත් දැහැමි රජු වුනේ මම යි" කියා භාග්‍යවතුන් වහන්සේ මේ ජාතකය වදාළා.

04. රුක්ඛධම්ම ජාතකය

එකට බැඳී සිටීමේ වෘක්ෂ ධර්මය ගැන කථාව

පින්වතුනේ, පින්වත් දරුවනේ,

ඒ දිනවල අපගේ භාග්‍යවතුන් වහන්සේ වැඩවාසය කළේ සැවැත් නුවර ජේතවනයේ. ඒ කාලේ කිඹුල්වත් නුවර රෝහිණී ගංගාවේ ජලය බෙදා ගැනීමට ගොස් ශාක්‍යයන් හා කෝලියයන් යුද්ධයකට සූදානම් වුනා. මේ යුද්ධය නිසා තමන් ගේ ඥාතීන් මහා විනාශයකට පත් වන බව දුටු භාග්‍යවතුන් වහන්සේ එතැනට අහසින් වැඩියා. රෝහිණී ගඟට ඉහළින් පළඟක් බැඳගෙන අහසේ ම වැඩ සිට ඥාතීන් ඇමතුවා.

"රජවරුනේ, ඔබලා ඥාතීන් නොවේද! ඥාතීන් කටයුතු කරන්ට වටින්නේ සමගියෙන් සමාදානයෙන් මිස ඔය අයුරින් නොවේ. ඥාතීන් සමගියෙන් කටයුතු කළොත් සතුරන් හට විනාශ කරන්ට අවස්ථාවක් ලැබෙන්නේ නෑ. මනුස්සයන් ගැන කථාව පැත්තකින් තියමු. මේ සිත්පිත් නැති වෘක්ෂයන් පවා එකමුතුව සමගිව සිටීමයි වටින්නේ. ඉස්සර හිමාලවනයේ තිබුන සල්වනයකට සුළි සුළඟක් ආවා. නමුත් සල්වනය තිබුනේ එකිනෙකා ගස්වැල් අතු

ඉති රිකිලි වලින් වෙලාගෙන. මේ නිසා ඒ සුළඟට එක සල්ගසක්වත් වට්ටන්නට බැරි වුනා. සුළඟ උඩින් උඩින්ම ගියා. ඔය අතරේ එක් මිදුලක් මැද අතුපතර විහිදී ගිය මහාරුකක් හුදෙකලාවේ තිබුනා. ඒ ගස මුලින් ම ඉදිරී වැටුනා. මීට කලිනුත් එකට වාසය කල අය බේරුනා. තනිවම සිටි අය කරදරේ වැටුනා" කියා වදාළා.

එතකොට ශාක්‍ය කෝලිය රජවරු මීට කලින් සිදු වූ දෙය කියා දෙන්ට කියා භාග්‍යවතුන් වහන්සේගෙන් ඉල්ලා සිටියා. භාග්‍යවතුන් වහන්සේ මේ ජාතකය වදාළා.

"මහරජුනි, ගොඩාක් ඉස්සර කාලෙක බරණැස් නුවර බ්‍රහ්මදත්ත නම් රජ්ජුරු කෙනෙක් රජකම් කළා. ඒ දවස්වල මුලින් ම ඉපදී සිටිය වෛශ්‍රවණ දෙව්මහරජු චුත වුනා. එතකොට සක්දෙවිඳු වෛශ්‍රවණ තනතුරුට වෙන දෙවියෙකු පත් කළා. ඔය විදිහට අලුත පත්වූ වෛශ්‍රවණ දිව්‍යරාජයා 'තම තමන් කැමති ආකාරයට වෘක්ෂ, වනගොමු, අරණ්‍ය ආදියෙහි විමාන ගනිත්වා!' කියලා දෙව්වරුන්ට දැනුම් දුන්නා.

ඒ කාලේ මහාබෝධිසත්වයෝ හිමාල වනයේ එක්තරා සල්වනයක වෘක්ෂ දේවතාවෙක් වෙලා සිටියේ. ඔහු විමාන ගන්නා ඥාති දෙව්වරුන්ට මෙහෙම කිව්වා. "ඥාතිවරුනි, ඔබ විමාන ගනිද්දී මිදුල් මැද පිහිටි හුදෙකලා වෘක්ෂයන් විමාන හැටියට ගන්ට එපා. මේ සල්වනයේ මා ගත්තු විමානයට වටේ ඕනෑ තරම් සල්රුක් තියෙන්නේ. ඒවා විමාන වලට ගන්ට."

එතකොට බෝධිසත්වයන්ගේ වචනයට ඇහුම්කන්

දුන් පණ්ඩිත දෙවිවරු ඒ සල් වෘක්ෂය පිරිවර කොට ගත් වෘක්ෂයන් විමාන හැටියට ගත්තා. අනුවණ දෙවිවරු "අනේ අපට වනාන්තරවල ඇති විමාන වලින් ඇති ඵලය කුමක්ද? අපි මිනිස්සුන් ඉන්න තැන්වල ගම් නගර රාජධානිවල විමාන ගන්නවා. එතකොට මිනිස්සුන් ගෙන් අපට ලාභ සත්කාර ලැබෙනවා නොවැ" කියලා මිදුල් මැද පිහිටි මහා වෘක්ෂවල විමන් සාදා ගත්තා.

දවසක් මහා සුළි සුළඟක් ආවා. සුළඟේ ඇති වේගවත් බව නිසා දැඩි මුල් ඇති මහා වෘක්ෂයන් පවා මුලින් ම ඉදිරී වැටුනා. ඒ සුළඟ සල් වනයටත් හමා ගෙන ආවා. සල් රුක් එකිනෙකට සම්බන්ධව පිහිටා තිබුන නිසා එක සල් රුකක්වත් බිම වට්ටන්ට සුළඟට බැරිවුනා. විමන් අහිමි වූ දෙවිවරුන් සිය පිරිවර සමඟ හිමාලයට ගියා. තමන්ට වූ දේ සල්වනයේ දෙවිවරුන්ට කිව්වා. ඒ දෙවිවරු ඔවුන් පැමිණි වග බෝසත් දෙවියාට දැනුම් දුන්නා. බෝධිසත්වයෝ 'නුවණැත්තන්ගේ වචන ගණන් නොගෙන හිතුමනාපයේ වැඩකරන අයට ඔහොම වෙනවා' කියා මේ ගාථාව පැවසුවා.

"නෑයන් හැමෝ ම එකට එකතු වී
සමගිව සිටීම ඉතා හොඳයි
වනයේ තිබෙනා රුක් ගොමු වලටත්
එකට සිටින ඒ දහම හොඳයි
සුළං හමන විට තනිව තිබෙන මහ වනස්පතී
රුක බිමට වැටෙයි
එකට බැඳී ඇති රුක් ගොමු කිසිවක්
ඒ මහ සුළඟින් බිම නොවැටෙයි"

මහරජවරුනි, මේ නිසා මෙතැන් පටන් ඔබ කෝලාහල කරගන්ට එපා. සමගියෙන් සමාදානයෙන් ඇතිවෙන ප්‍රශ්න විසඳාගන්ට" කියලා අවවාද කොට වදාළා. එදා දෙව්වරු වෙලා සිටියේ බුදු පිරිස. පණ්ඩිත දේවතාවා වෙලා හිටියේ මම යි කියා භාග්‍යවතුන් වහන්සේ මේ ජාතකය වදාළා.

05. මච්ඡ ජාතකය

බෝසත් මාළුවා ගේ කථාව

පින්වතුනේ, පින්වත් දරුවනේ,

ඒ දිනවල අපගේ භාග්‍යවතුන් වහන්සේ වැඩවාසය කළේ සැවැත්නුවර ජේතවනයේ. ඒ කාලේ කොසොල් රටේ වැස්ස නැතිව ගියා. නියඟයක් ආවා. ගොයම් මැලවෙලා ගියා. ඒ ඒ තැන්වල පිහිටි වැව්, පොකුණු, විල් ආදිය සිඳී ගියා. ජේතවනයේ දොරකොටුව අසල තිබුණු ජේතවන පොකුණේ ජලයත් සිඳී ගියා. මඩ අස්සට ගිහින් ඉන්න මාළු ආදී සතුන්ව කපුටන් උකුස්සන් ඇවිදින් ඔවුන්ගේ අඩයටි බඳු තුඩුවලින් කොටලා බැහැර අරන් අරන් ඔවුන් දඟලද්දී කා දමනවා.

අසරණ සතුන්ට මේ වන විපත දැක දන් වැහි වස්සවා මේ සතුන් සුවපත් කරන්ට ඕනෑ කියා සිතා වදාළ අපගේ භාග්‍යවතුන් වහන්සේ එදා සවස් වරුවේ ජේතවන පොකුණට බහින පඩිපෙළ ළඟ වැඩසිට ආනන්ද තෙරුන් අමතා මෙසේ වදාළා.

"ආනන්දය, දිය සළුව රැගෙන එන්ට. මං මේ ජේතවන පොකුණෙන් ස්නානය කරන්ට ඕනෑ."

"ස්වාමීනී, භාග්‍යවතුන් වහන්ස, මේ නියඟය නිසා ජේතවන පොකුණත් හිඳිලා ගියා නොවැ. මඩ විතරයි

පැදිලා තියෙන්නේ" "කමක් නෑ ආනන්දයෙනි, බුදු බලය ඉතා මහත් බව ඔබ දන්නවා නොවැ. ගිහින් දිය සළුව රැගෙන එන්ට" එතකොට ආනන්දයන් වහන්සේ දිය සළුව ගෙනැවිත් පිළිගැන්නුවා. භාග්‍යවතුන් වහන්සේ දිය සළුව හැඳ ජේතවන පොකුණේ නාන්ට ඕනෑ සිතා පඩිපෙළ ළඟට වැඩියා.

එසැණින්ම සක් දෙවිඳුන්ගේ පාණ්ඩුකම්බල ශෛලාසනය උණුසුම් බවට පත් වුනා. එතකොට මෙයට හේතුව කුමක්ද කියා බැලුවා. වහා වැස්සවළාහක දෙව්රජු කැඳෙව්වා. "දරුව... අපගේ භාග්‍යවතුන් වහන්සේ පැන් පහසු වන්නෙමි' යි සිතා අන්න ජේතවනයේ පොකුණේ පඩිපෙළෙහි වැඩ ඉන්නවා. ඉක්මණින් ම මුළු කොසොල් රටට ම වැසි වස්සවන්ට."

වැස්සවළාහක දෙව් "එසේය' කියා පිළිවදන් දී එක් වළාවක් හැඳ එකක් පොරොවාගෙන මේඝ ගීතය ගායනා කරමින් පෙරදිග ලෝක ධාතු මුවින් ඇතුළු වුනා. පෙරදිගින් කමතක ප්‍රමාණයේ වළාකුලක් පැනනැංගා. එය සිය දහස් ගුණයක් ලොකු වුනා. විදුලිය කොටමින් වතුර කළයක් යටට හැරවූ කලක සෙයින් මහා වැස්සක් ඇද හැලුනා. නොකඩවා ඇද හැලුන වැස්සෙන් ජේතවන පොකුණ මොහොතකින් පිරුනා. පඩිපෙළ ළඟට ම වතුර ආවා.

භාග්‍යවතුන් වහන්සේ පැන් පහසු වුනා. භාග්‍යවතුන් වහන්සේ ගන්ධකුටියට වැඩියට පසු දම්සභා මණ්ඩපයට රැස්වූ භික්ෂූන් වහන්සේලා මේ ගැන කතාබස් කරමින් සිටියා. "ඇවැත්නි, අපගේ භාග්‍යවතුන් වහන්සේගේ මහා කරුණාව, දයාව, මෛත්‍රිය මොනතරම්ද? වැපිරූ ගොයමට වතුර ඕනෑම වෙලාව. ඒවා මැලවෙමින් තිබුනේ. වැව්

පොකුණු සිඳිලා ගියා. මාළුන්, කැසුබුන් මහත් විපතට පත්වෙලා සිටියා. හැම දෙනාව ම දුකින් මුදවන්ට ඕනෑය කියන අදහසින් දිය සළුව හැද පොකුණේ පඩිපෙළ මත වැඩසිටියා විතරයි මුළු කොසොල් රට ම මහා ධාරාණිපාත වැස්සකින් තෙමී ගියා. මේ නිසා මහාජනයාගේ තිබුණු කායික මානසික පීඩා සංසිඳී ගියා."

ඒ අවස්ථාවේ භාග්‍යවතුන් වහන්සේ එතැනට වැඩමකොට පණවන ලද ආසනයේ වැඩ සිටියා. එතකොට භික්ෂූන් වහන්සේලා තමන් කතා බස් කරමින් සිටි කරුණ ගැන භාග්‍යවතුන් වහන්සේට සැළකළා. භාග්‍යවතුන් වහන්සේ මෙසේ වදාළා.

"මහණෙනි, තථාගතයන් වහන්සේ මහජනයා දුකට පත්ව සිටිද්දී වැසි වැස්සෙව්වේ මේ ආත්මේ විතරක් නොවෙයි. පෙර තිරිසන් ගත ආත්මෙක ඉපදී සිටිය කාලෙකත්, මත්ස්‍යරාජයෙකු ගේ කාලෙ වැසි වැස්සෙව්වා."

එතකොට භික්ෂූන් වහන්සේලා යටගිය දවස සිදු වූ ඒ සිදුවීම ගැන කියා දෙන්ට කියා භාග්‍යවතුන් වහන්සේගෙන් ඉල්ලා සිටියා. භාග්‍යවතුන් වහන්සේ මේ ජාතකය වදාළා.

"මහණෙනි, මේ කොසොල් රටේ ම මේ සැවැත්නුවර ම මේ ජේතවන පොකුණ තියෙන තැනම වැල් වලින් ගහණව වටවෙලා තිබුන වතුර වලක් තිබුනා. ඒ කාලේ බෝධිසත්වයෝ මත්ස්‍යයෙක් වෙලා ඉපදිලා මාළු පිරිවරක් සමඟ වාසය කළා. ඒ දවස්වල අද වගේ වැස්ස නැති වෙලා මහා නියඟයක් ආවා. ගොයම් මැලවුනා. වැව් පොකුණු සිඳී ගියා. මාළු කැසුබුවෝ මඩ

යටට රිංගුවා. මෙතැන තිබුණු වලේ සිටිය මාළු ඒ ඒ තැන මඩ යටට රිංගා ගත්තා. කාක්කෝ ඇවිදින් තුඩින් කොට කොට බැහැර අරගෙන කන්ට පටන් ගත්තා. තමන් ගේ ඤාතීන්ට වන විපැත්තිය බෝසත් මාළුවාට වැටහුනා. තමන් මිසක් මේ අයව මුදවන්ට වෙන අයෙක් නැති බවත් වැටහුනා. සත්‍යක්‍රියා කොට වැසි වස්සවා නෑයින්ව මරණ දුකින් මුදවන්ට ඕනෑ කියා කලු පැහැ ගත් වියලි මැට්ට බිඳගෙන අඳුන් රුක් අරටුවේ පැහැගත් මහා මත්ස්‍ය රාජයා මැනැවින් සේදූ රතු මැණික් බඳු ඇස් ඇර අහස දෙස බලා වැස්සවළාහක දේවරාජයාට හඬ ගා ඇමතුවා.

"එම්බා පර්ජන්‍යය, මං නෑයන්ට වූ විපත ගැන දුකට පත්වෙලා ඉන්නේ. සිල්වත් වූ අපට පීඩා කරමින් වැසි නොවස්සන්නේ මන්ද? මං මෙතෙක් කාලෙට තමන් ගේ ම ජාතියේ අය කන මසුන් අතර ඉපදිලාත් සහල් ඇටයක ප්‍රමාණයේ මාළු පැටියෙකුවත් කාලා නෑ. වෙනත් සතුන්ගේ ප්‍රාණය නැති කරලත් නෑ. මේ සත්‍යානුභාවයෙන් වැස්ස වස්සා මාගේ නෑයන්ව දුකෙන් මුදවාපන්" කියලා සේවකයෙකුට අණ කරන සෙයින් පර්ජන්‍ය දිව්‍ය රාජයා අමතමින් මේ ගාථාව පැවසුවා.

"අහස ගොරවා විදුලි කොටවා
වහා මහ වැසි වස්සනු
වළාහක දෙව්රජුනි කපුටන් ගේ
නිධාන වළකනු
ජලය පුරවා හැමතැන ම කපුටන්ට
ශෝකය රඳවනු
නෑ විපත ගැන මා සිතේ ඇති
ශෝක දුක දුරුකර දෙනු"

එතකොට අහසේ මහා වළාකුළු පැන නැගී වළගොඩැලි පුරවමින් මහා වැසි ඇද හැලුනා. මාළුන් ගේ භය දුරුවුනා. එදා මාළු පිරිස වෙලා හිටියේ මේ බුදුපිරිස ම යි. මත්ස්‍යරාජයා වෙලා හිටියේ මම යි කියා භාග්‍යවතුන් වහන්සේ මේ ජාතකය වදාළා.

06. අසංඛිය ජාතකය

භය සැක නැති තවුසාගේ කථාව

පින්වතුනේ, පින්වත් දරුවනේ,

ඒ දිනවල අපගේ භාග්‍යවතුන් වහන්සේ වැඩවාසය කළේ සැවැත්නුවර ජේතවනයේ. සැවැත්නුවර ම එක් සෝතාපන්න උපාසකයෙක් සිටියා. කිසියම් කරුණකට ඔහු එක්තරා ගැල් කණ්ඩායමක් සමඟ එකතු වෙලා ගමනක් ගියා. එක් කැලෑබද තැනක මේ ගැල ලිහලා ගොන්නුන්ටත් කෑම දීලා විවේක ගත්තා. එතකොට මේ උපාසකයා ගැල්කරුවාට නුදුරින් එක්තරා රුක් සෙවනක සක්මන් කරමින් සිටියා. පන්සියයක සොරමුලක් මේ ගැල මංකොල්ල කෑමට අවස්ථාව බල බලා ඊතල මුගුරු ආදිය සූදානම් කරගෙන සිටියා. උපාසකත් සක්මන් කරමින් සිටියා. සොරු සිතුවේ මොහු ගැලේ මුරකාරයා කියලා. මොහු නිදාගත් විට මංකොල්ලය කරමු කියලා තැන් තැන්වල හැංගිලා බලා සිටියා. ඒ උපාසක පළමු යාමයේත් සක්මන් කළා. මධ්‍යම යාමයේත් සක්මන් කළා. පශ්චිම යාමයේත් සක්මන් කළා. එළිවේගෙන ආවා. සොරුන්ට සිතාගත්තු කිසිවක් කරගන්ට බැරි වුනා. උපාසකත් තමන් ගිය කරුණ ඉටු කරගෙන නැවත සැවැත්නුවරට පැමිණියා. භාග්‍යවතුන් වහන්සේව බැහැ දැක වන්දනා කොට එකත්පස්ව හිඳගෙන මෙහෙම ඇහැව්වා.

"ස්වාමීනී, ධර්මය තුළින් තමන්ව රකින්නා අනුන්වත් රකිනවාද?" "හරි.... උපාසක ධර්මය තුළින් තමාව රකින කෙනා අනුන්වත් රකිනවා. ධර්මය තුළින් අනුන්ව රකින කෙනා තමාවත් රකිනවා."

"අනේ ස්වාමීනි.... ඒ කියමන මොනතරම් සුන්දර කියමනක්ද! ස්වාමීනි මං එක්තරා ගැලක් සමඟ ගමනක් ගියා. එදා රෑ අතරමගදී මං තමාව රැක ගන්ට ඕනෑ කියා හිතාගෙන එළිවෙනතුරු සක්මන් කළා. ගැල මංකොල්ල කන්ට ආ සොරුන්ට කිසිවක් කරගන්ට බැරිවුනා. ඒ නිසාම මුළු ගැලත් රැකුණා."

"උපාසකය, ඒක එහෙම ම යි. පෙර ආත්මෙත් නුවණැත්තෝ ධර්මය තුළින් තමන්ව රැකීමෙන් අනුන්වත් රැකගත්තා."

"ස්වාමීනි, භාග්‍යවතුන් වහන්ස, ඉස්සර ආත්මෙක සිදු වූ ඒ සිදුවීම වූ ආකාරය කියා දෙන සේක්වා!" කියා භාග්‍යවතුන් වහන්සේගෙන් ඉල්ලා සිටියා. භාග්‍යවතුන් වහන්සේ මේ ජාතකය වදාළා.

"උපාසකය, ගොඩාක් ඉස්සර කාලෙක බරණැස් නුවර බ්‍රහ්මදත්ත නමින් රජ්ජුරු කෙනෙක් රාජ්‍ය කළා. ඒ කාලේ බෝධිසත්වයෝ උසස් බ්‍රාහ්මණ පවුලක ඉපදිලා ගිහි ජීවිතය ගැන කලකිරී තවුසෙක්ව හිමාලයේ වාසය කළා. දවසක් මොහු ලුණු ඇඹුල් සොයාගැනීම පිණිස ජනපදයකට ආවා. ජනපද චාරිකාවේ හැසිරෙද්දී එක්තරා ගැල් කණ්ඩායමක් මුණ ගැසී ඒ ගැලත් සමඟ පිටත් වුනා. කැලෑබද තැනක ඒ ගැල නැවැත්තුවා. එදා තාපසතුමා ගැල් නායකයාට නුදුරින් රුක් සෙවනක

ධ්‍යාන සැපයෙන් යුතුව සක්මන් කරමින් වාසය කළා. එදාත් පන්සියයක සොරු කණ්ඩායමක් මේ ගැල මංකොල්ල කෑමට වට කළා. ඔවුන් තාපසතුමාව දක්කා. මොහු අපිව දැක්කොත් හැමෝට ම කෑගසා කියාවි. මොහු නින්දට යනකල් ඉවසාගෙන ඉමු කියා ඔවුන් ඒ ඒ තැන්වල සැඟවී සිටියා. තාපසයාත් මුළු රෑ පුරාම සක්මනේ යෙදුනා. සොරුන්ට මංකොල්ලයට අවස්ථාවක් ලැබුනේ නෑ. ඔවුන් ගෙනා දඬුමුගුරු ආදිය අත්හැරලා කෑ ගසලා මෙහෙම කිව්වා.

"එම්බල ගැල්කරුවනි, තොපි නූලෙන් බේරුනා කියලා හිතාගනින්. ඉදින් මේ තාපසයා නොසිටින්ට මේ මුළු ගැල ම අපේ අතේ. තොපි ඔය තාපසයාට හොඳට සත්කාර කරපියව්" කියලා යන්ට ගියා.

හිරු නැගුනු විට සොරුන් අත්හැර දමා ගිය දඬුමුගුරු ආදිය දකින්ට ලැබී ඔවුන් මහත් භයට පත් වුනා. ඔවුන් බෝධිසත්වයන් ළඟට ගිහින් වන්දනා කොට මෙහෙම ඇහැව්වා.

"ස්වාමීනි, ඔබ වහන්සේ සොරුන්ව දක්කාද?" "එසේය, ඇවැත්නි මං ඔවුන්ව දක්කා" "මෙපමණ විශාල සොරමුලක් දකලා භයක් තැතිගැනීමක් ඇතිවුනේ නැද්ද?" "අනේ ඇවැත්නි.... මං සතයක් අතේ නැති, කිසි ධනයක් නැති කෙනෙක්. සොරුන් දක භය ඇති වන්නේ ධනය තියෙන අයට නොවැ. මං භය වෙන්නේ මොකටද? ගමක වාසය කළත් වනාන්තරේක වාසය කළත් මා තුළ භයක් තැතිගැනීමක් හටගන්නේ නෑ" කියා බෝධිසත්වයෝ මේ ගාථාව පැවසුවා.

"ගමේ වුනත් කැලේ වුනත් මසිතට භය නැත්තේ
සැකසංකාවක් නැතිවයි මා ගතකොට ඇත්තේ
මෙත් කරුණා ගුණයෙන් යුතු සිතක් ය මට ඇත්තේ
බඹලොව යන තනි මගකුයි මගෙ ගමනට ගත්තේ"

ඉතින් උපාසක ඔය විදිහට මම එදා තමාවත් රැකගෙන අනුන්වත් රැකගත්තා. එදා ගැල්කරු පිරිස වුනේ බුදු පිරිසයි. තාපසයා වෙලා හිටියේ මම යි' කියා භාග්‍යවතුන් වහන්සේ මේ ජාතකය වදාළා.

07. මහා සුපින ජාතකය

කොසොල් රජු දුටු මහා සිහින ගැන කථාව

පින්වතුනේ, පින්වත් දරුවනේ,

ඒ දිනවල අපගේ භාග්‍යවතුන් වහන්සේ වැඩ වාසය කළේ සැවැත්නුවර ජේතවනයේ. එක්දවසක් කොසොල් රජ්ජුරුවෝ රෑ නිදාගෙන සිටිද්දී පාන්දර ජාමේ මහා සිහින දහසයක් දැක්කා. දැකලා හොඳටෝ ම භය වුනා. මේ සිහින නිසා මට මක් වෙයිද කිලා මරණ භයට පත් වුනා. යහනෙන් නැගිට එහි ම වාඩි වී කල්පනා කර කර සිටියා. පසුවදා පුරෝහිත බ්‍රාහ්මණවරු රජතුමා බැහැදකින්ට ආවා.

"මහරජාණෙනි, සුවසේ සැතපුන සේක්ද?" "ආචාර්යවරුනි, මට මොන සැපයක්ද? අද පාන්දරට වෙන්ට මං මහා ස්වප්න දහසයක් දැක්කා නොවැ. හප්පා.... ඒ සිහින දැකපු වේලේ පටන් මං භයින් ඉන්නේ. ආචාර්යවරුනි, මට මේ සිහින වලින් මක් වේවිද?"

"මහරජාණෙනි, දැකපු සිහින මොනවාදැයි ඇසුවාට පස්සේ අපි බලමුකෝ" එතකොට රජ්ජුරුවෝ ඒ සිහින එකක් නෑර පුරෝහිතයන්ට කිව්වා. එතකොට ඔවුන් නළල රැළි නංවා ගෙන අත්සෙලෙව්වා. "ඇයි

ආචාර්යවරුනි. අත් සෙලෙව්වේ?" "මහරජ, ඒ සිහින හරි භයානකයි නොවැ. රාජ්‍යයට අනතුරක්! ඔබතුමාගේ ජීවිතයට අනතුරක්! භෝග සම්පත් වලට අනතුරක්!"

"එතකොට ආචාර්යවරුනි, මේකට පිළියමක් නැද්ද, තියෙනවාද?"

"මේකනේ රජතුමනි, ඒකාන්තයෙන් ම නපුරු වූ ඔය සිහිනයන්ට නම් පිළියම් නෑ. නමුත් අපි පිළියමක් කරන්ට දන්නවා නොවැ. මේ වගේ විපතකින් වළක්වා ගන්ට බැරි නම් වේද සාස්තරේ ගැන අපේ උගත්කම අසවල් දේකටද?" "හරි... එතකොට මොකක් කරලා ද ඕකට පිළියම් යොදන්නේ?"

"මහරජුනේ, සියලු සතුන් ගෙන් සතර දෙනා බැගින් කැප කොට කරන සර්වචතුෂ්ක නමැති බිලි පූජාවයි කරන්ට ඕනෑ. මේ වගේ භයානක අවස්ථාවක ඇති පිළියම ඕක තමයි"

"හප්පේ.... යාන්තං ඇති. දූනුයි මගේ ඇඟට ලේ ඉනුවේ. අනේ ආචාර්යවරුනි, මගේ ජීවිතේ තොපේ අතේ. ඉක්මනින් ම මාව සුවපත් කොරන්ට ඕනෑ ඕං"

මේ බිලි පූජාවෙන් තමන්ට ලැබෙන ලාභ ප්‍රයෝජන දන්නා බමුණන් මහත් සේ ප්‍රීතියට පත්වුනා. 'භය ගන්ට කාරි නෑ මහරජ, අපි ඉන්නවා නොවැ' කියලා ඉක්මණින් යාග කටයුතු සූදානම් කෙරෙව්වා. බොහෝ සිව්පාවුන් යාග කණුවල බැන්දා. පූජාවට අවශ්‍ය දෑ ගැනීම පිණිස ඔවුන් නිතර නිතර මාළිගාවට ආවා ගියා. මල්ලිකා දේවියට කිසියම් කලබලකාරී බවක් තිබෙන බව දකින්ට ලැබුනා.

"මහරජුනි... ඇයි මේ පුරෝහිත බමුණන් නිතර

නිතර එන්නේ යන්නේ?" "ඇයි... තී සැප සේ හිටිං. අපේ කන මුලට ම විෂඝෝර සර්පයෙක් ඇවිත් ඉන්න බව තී දන්නේ නෑනේ." "ඒ කුමක් ද මහරජුනි?" "මං.... මෙන්න මේ විදිහේ භයානක ස්වප්න මාලාවක් දැක්කා. පුරෝහිත කිව්වේ රාජ්‍යයට, මට, භෝග සම්පත් වලට යන තුනට මහා අනතුරක් ඇවිත් ඇති බවයි. ඒකට පිළියමක් හැටියටයි ඔය සර්වචතුෂ්ක බිලි පූජාව කරන්නේ. ඒ වෙනුවෙන් තමයි උන්නැහේලා ඔය යන්නේ එන්නේ."

"ඇයි මහරජුනි, දෙවියන් සහිත ලෝකයේ අග්‍ර බ්‍රාහ්මණයාගෙන් සිහිනයට පිළියම් ඇසුවේ නැද්ද?" " ඒ කවුද සොඳුරී සදේවක ලෝකයේ අග්‍ර බ්‍රාහ්මණයා?" "අනේ මහරජුනි, දෙවියන් සහිත ලෝකයේ අග්‍ර පුද්ගල වූ සර්වඥ වූ පරම පවිත්‍ර වූ නික්ලේශී මහා බ්‍රාහ්මණයා ගැන දන්නැද්ද? ඒ භාග්‍යවතුන් වහන්සේ ම යි ඔය ස්වප්න මාලාව තෝරන්ට දන්නේ. යන්ට මහරජුනි, ගිහින් උන්වහන්සේගෙන් අසා දැනගන්ට"

එතකොට කොසොල් රජ්ජුරුවෝ භාග්‍යවතුන් වහන්සේ බැහැදකින්ට ගියා. ගිහින් භාග්‍යවතුන් වහන්සේට වන්දනා කොට එකත්පස්ව සිටියා. භාග්‍යවතුන් වහන්සේ කොසොල් රජුගෙන් මෙහෙම ඇහැව්වා. " මහරජ, මොකද කිසියම් කණස්සල්ලකින් වගේ" "අනේ ස්වාමීනි, මං භයානක සිහින මාලාවක් දැක්කා නොවැ. මං ඒ ගැන පුරෝහිතයන්ගෙන් ඇසුවා. ඔවුන් කියා සිටියේ රජයට හෝ මට හෝ මාගේ භෝග සම්පත්වලට හෝ මහත් අනතුරක් ඇති බවයි. එයට පිළියම් වශයෙන් සියලු සතුන් සතර බැගින් ගෙන සර්වචතුෂ්ක නමින් බිලි පූජාවක් කරන්ට ඕනෑ බවයි ඔවුන් පැවසුවේ. නමුත් මේ සිහින මාලාව ගැන තවත් පහදාගන්ට, දැන ගන්ටයි මං

භාග්‍යවතුන් වහන්සේව බැහැදකින්ට ආවේ"

"හොඳයි මහරජ, ඒ සිහින කුමක්ද කියා මාත් දැන ගන්ට කැමතියි" එතකොට කොසොල් රජ්ජුරුවෝ එක් එක් සිහිනයක් ගානේ භාග්‍යවතුන් වහන්සේට කියා සිටියා.

"ස්වාමීනි, මං දැකපු එක හීනයක් මෙහෙමයි. අඳුන් පැහැ ගත් මහා කළු වෘෂභ රාජයෝ හතර දෙනෙක් යුද්ධයක් කරන්ට ඕනෑ කියා හයියෙන් පිඹගෙන හතර පැත්තෙන් දුවගෙන රජමිදුලට ආවා. මහජනයත් මේ මහා වෘෂභයන්ගේ යුද්ධෙ බලන්ට ඇවිත් සිටියා. ඔවුන් ගර්ජනා කරගෙන දඟලගෙන ආවා දරුණු යුද්ධයකට වගේ. නමුත් යුද්ධ නොකොට ම එවුන් හැරිලා ගියා. ස්වාමීනි, මේකයි මං දැක්ක පළමු සිහිනේ. මේකෙ විපාකය කුමක් ද?"

"මහරජ, මේ සිහිනේ විපාකය ඔබේ කාලයට හෝ මගේ කාලයට අයත් නෑ. අනාගතයේ අධාර්මික දුර්වල රජවරුන්ගේ, අධාර්මික මිනිසුන්ගේ කාලයක් එනවා. ඔවුන්ගේ කටයුතු නිසා ලෝකයේ කුසල පක්ෂය අත්හරිනවා. අකුසල් උත්සන්න වෙනවා. අන්න ඒ කාලෙට නියමාකාරයෙන් වැස්ස වහින්නේ නැතිව යනවා. වළාකුළු සිඳී යනවා. වගා මැලවී යනවා. දුර්භික්ෂ ඇති වෙනවා. සතර දිශාවෙන් ම මහවළාකුළු අහසේ නැග එනවා. එතකොට ස්ත්‍රීන් වේලන්ට දමාපු වී ආදිය අකුලා ගෙට ගන්නවා. පිරිමි උදවිය උදළු ආදිය රැගෙන ලියැදි වලට වතුර බඳින්නට පිටත් වෙනවා. අහස හොඳට ම කලු කොට, විදුලි කොටා, අහස ගොරවා එතැනින් නවතිනවා. වැසි වසින්නේ නෑ. පැවිල්ල දිගට ම තියෙනවා. ඒක හරියට සිව් දිශාවෙන් ගර්ජනා කරගෙන එන වෘෂභයෝ

යුද්ධ නොකොට ම පලා යනවා වගේ. ඔය සිහිනයේ විපාකය මෙයයි මහරජ. මේක අනාගතයේ වෙන දෙයක්. බ්‍රාහ්මණයෝ තමන්ගේ ජීවිකාව පිණිසයි වැරදි අර්ථ තේරුවේ. මහරජ, ඔබ දුටු දෙවෙනි සිහිනය කුමක්ද?"

"ස්වාමීනි, මං දැකපු දෙවෙනි සිහිනය මෙයයි. ස්වාමීනි, ඉතා පුංචි ගස් පොළොව බිඳගෙන උඩට ඇවිත් තිබුනා. වියතක්, රියනක් විතර උස ඇති. හැබැයි හොඳට මල් ගෙඩි හැදිලා තිබුනා. ස්වාමීනි, මේ සිහිනයේ විපාකය කුමක්ද?"

"මහරජ, මෙය අනාගතයේ මිනිසුන් පිරිහීගෙන යන කාලෙදි වෙන දෙයක්. ආයුෂ අඩු වේගෙන යන කාලෙදී වෙන දෙයක්. ඒ කාලේ උපදින අය අධික රාගයෙන් යුක්ත වෙනවා. නිසි වයසට කලින් කුඩා දියණිවරු විවාහ වෙනවා. කුඩා අවදියේ ම දූ පුතුන් බිහි කරනවා. ඔවුන්ගේ වැඩිවිය පැමිණීම කුඩා ගස්වල මල් හට ගන්නවා වගේ. ඔවුන්ට දරුවන් ලැබීම ඒ කුඩා ගස්වල ගෙඩි හටගන්නවා වගෙයි. මේ ගැන මහරජ, ඔබ භය වෙන්ට දෙයක් නෑ. මහරජ, ඔබදුටු තුන්වන සිහිනය කුමක්ද?"

"ස්වාමීනි, එදා උපන්න වැසි පැටවුන් ගෙන් කිරි බොන ගව දෙන්නුවයි මං තුන් සිහිනය හැටියට දැක්කේ. මේ සිහිනයේ විපාකය කුමක්ද ස්වාමීනි?"

"මහරජ, අනාගතයේ වැඩිහිටියන්ට සැලකීම නැති වෙලා යන කාලයක් එනවා. අනාගතයේ සත්වයෝ මව්පියන්ට, නැන්දා මාමාට උපස්ථාන නොකොට තම තමන් පවුල් ජීවිත ගෙවනවා. මහළු උදවියට ආහාර ටිකක් දෙන්ටවත් කැමති වෙන්නේ නෑ. එතකොට ඒ අනාථවාසයෙන් කල්ගෙවන මහළු උදවිය දරුවන් සතුටු

කරවා ජීවත් වෙනවා. එදා උපන්න වැසි පැටවුන්ගෙන් කිරි බොන ගවදෙන්නු වගෙයි. මේ සිහිනයෙන් ඔබට භයක් නෑ. මහරජ, සතරවෙනි සිහිනය කුමක්ද?"

"ස්වාමීනි, මං දැකපු සතරවෙනි සිහිනය මේකයි. එතැන හොඳට බර උසුලන්ට පුළුවන්, හොඳ උස මහත ආරෝහ පරිනාහ සම්පන්න මහ ගවයන් සිටියා. නමුත් ගැල්වල බැඳලා සිටියේ ලාබාල ගවයන්වයි. ඔවුන්ට ගැල ඇදගන්ට බෑ. ගැල නැවතිලා තිබුනා. ස්වාමීනි, මේ සිහිනයේ විපාකය කුමක්ද?"

"මහරජුනි, මෙයත් අනාගතය පිළිබඳ සිහිනයක්. අනාගතයේ තියෙන්නේ අධාර්මික දුර්වල රජවරුන්ගේ කාලයක්. පරම්පරාවෙන් එන දක්ෂතා ඇති අර්බුද විසඳීමේ හැකියාව ඇති මහාමාත්‍යවරුන්ට ප්‍රධානත්වය දෙන්නේ නෑ. සමහර තීරණ ගැනීමේ දක්ෂ, විනිශ්චයෙහි දක්ෂ මහළු ඇමතිවරුන්ට තනතුරු දෙන්නේ නෑ. විපරීත අදහස් ඇති තරුණ අයට ප්‍රධාන තනතුරු දෙනවා. යුතු අයුතු කම් නොතේරෙන ඔවුන් රාජකාරි අවුල් කරනවා. ඔවුන්ගේ නොහැකියාව නිසා අවශ්‍යයෙන් කළයුතු දේ අත්හැරෙනවා. නුවණැති මේරූ ඇමතිවරුත් 'අපෙන් මොවුන්ට වැඩක් නෑ. දැන් අපි පිටස්තර උදවිය නොවැ. ඇතුළට ගත්තු අය ඔක්කොම දන්නවා නොවැ' කියලා ඔවුනුත් කළයුතු දේ නොකර ඉන්නවා. ඔය විදිහට හැම අතින් ම රාජ්‍යයට හානියක් ම වෙනවා. බර උසුලගන්ට අසමත් වසුපැටියන් ගැලේ බැඳලා බර උසුලන්ට හැකියාව තියෙන බල සම්පන්න ගවයන් අත්හැරියා වගෙයි. මහරජ, මෙයින් ඔබට භයක් නෑ. පස්වෙනි සිහිනය කුමක් ද?"

"ස්වාමීනි, මං පස්වෙනි සිහිනය හැටියට දැක්කේ

දෙපැත්තේ කට තියෙන අශ්වයෙකුව. ඒ අශ්වයාට දෙපැත්තෙන් ම තිරිඟු කන්ට දෙනවා. උෟත් දෙපැත්තෙන් ම තිරිඟු කනවා. ස්වාමීනි, මේකේ විපාකය කුමක්ද?"

"මහරජ, මේ සිහිනයත් අනාගතයේ අධාර්මික රාජ්‍යපාලකයන්ගේ කාලය පිළිබඳවයි. අනාගතයේ අධාර්මික රජවරු තෘෂ්ණාධික මිනිසුන්ව තීරණ ගැනීමේ සභාවලට පත්කරනවා. ඔවුන්ට පින් පව් වලින් වැඩක් නෑ. ජනතාවට ආදරයක් නැති ඒ අඥානයන් තීන්දු තීරණ ගැනීමේ දී දෙපැත්තෙන් ම අල්ලස් ගන්නවා. ඒක හරියට දෙපැත්තේ ම කට ඇති අශ්වයා ඒ දෙකටින් ම තිරිඟු කනවා වගෙයි. මෙයින් ඔබට භයක් නෑ. සයවෙනි සිහිනය කුමක්ද?"

"ස්වාමීනි, මං සයවෙනුව දැක්කේ මේ සිහිනයයි. ඒක කහවණු ලක්ෂයක් අගනා රන් බඳුනක්. ඒ දිලිසෙන රන් බඳුන 'මේකේ මුත්‍රා කරපන්' කියලා ජරපත් හිවලෙකුට දෙනවා. ස්වාමීනි, මේ සිහිනයේ විපාකය කුමක්ද?"

"මහරජ, මෙයත් අනාගතයේ විපාක දෙන සිහිනයක්. අනාගතයේ අධාර්මික, විජාතික රජවරු, ඒ රටේ උපන් ජාති සම්පන්න කුල පුත්‍රයන්ට තනතුරු නොදී විජාතිකයන්ට උදව් කරනවා. ප්‍රධාන ජාතිය දුකට පත් වෙනවා. ලාමක ජාතිය ධනවත් වෙනවා. එතකොට ඒ කුලීන පුරුෂයෝ ජීවත් වෙන්ට ක්‍රමයක් නැතිව මොවුන් නිසා අපට ජීවත් වෙන්ට පුළුවනි කියලා අන්‍ය ජාතීන්ට තමන්ගේ දූවරු දෙනවා. ඒ කුල දූවරුන් සමඟ අන්‍ය ජාතීන් සංවාසයේ යෙදීම හරියට ජරසිඟාලයන් රන් බඳුනේ මුත්‍රා කරනවා වගෙයි. මහරජුනි, මේ සිහිනයෙන් ඔබට භයක් නෑ. සත්වෙනි සිහිනය කුමක්ද?"

"ස්වාමීනි, මං සත්වෙනිව දැක්කේ මේ සිහිනයයි. එක් පුරුෂයෙක් ලණු ඔත ඔතා තමන්ගේ පාමුල දානවා. ඒ පුරුෂයා වාඩි වී සිටින පුටුව යට පිපාසයෙන් බඩගින්නෙන් එක් සිවල්දෙනක් ඉන්නවා. මේ සිවල් දෙන ඔහුට නොදැනෙන්ට ඒ ලණුව කනවා. ස්වාමීනි, මේ සිහිනයේ විපාකය කුමක්ද?"

"මහරජ, මෙයත් අනාගතයේ සිදුවන දෙයක් ගැනයි. මහරජ, අනාගතයේ ස්ත්‍රීන් කාමුකයි. පුරුෂයන්ට ලොල්, මත්පැනටත් ලොල්, සැරසිලි වලටත් ලොල්, ඇවිදින්ටත් ලොල්, ධනයටත් ලොල්. ඔවුන් දුස්සීලයි. ඔවුන්ට කුල සිරිත් වලින් පලක් නෑ. ඔවුන්ගේ ස්වාමිවරු දුකසේ රැකී රක්ෂා ගොවිතැන්බත් කරමින් ගෙදරට ධනය රැස් කරනවා. ඔවුන් ඒ ධනයෙන් හොර සැමියන් සමඟ කමින් බොමින් ප්‍රීති වෙනවා. ගෙදර කටයුතු සොයා බලන්නේ නෑ. සොර සැමියන් ගැන ම සිත සිතා හෙට වපුරන්ට තියෙන බිත්තර වීත් කොටලා කැඳ බත් හදලා විනාශ කරනවා. එය හරියට පුරුෂයා ඔත ඔතා තමන් ගේ පාමුල දාන ලණුව කමින් පුටුව යට හිඳින සාපිපාසා ඇති සිවල් දෙන වගෙයි. මහරජ, මෙයින් ඔබට අනතුරක් නෑ. අටවැනිව ඔබ දුටු සිහිනය කුමක්ද?"

"ස්වාමීනි, මම දුටු අටවෙනි සිහිනය මෙයයි. රජගෙයි දොරකඩ ගොඩාක් හිස් කළගෙඩි පිරිවරා ගත් එක් මහා කළගෙඩියක් තිබුනා. ඒකේ වතුර පිරිලා තිබුනේ. නමුත් ක්ෂත්‍රිය, බ්‍රාහ්මණ, වෛශ්‍ය, ශුද්‍ර යන හැම කුලයට අයත් ජනයා ම සිව් දිශාවෙන් වතුර කළගෙඩි ගෙනත් ගෙනත් අර වතුර පිරීගිය මහ කළේට ම පුරවනවා. ඒ පිරෙන පිරෙන වතුර උතුරලා අහකට යනවා. එහෙත් නැවත නැවතත් ඒ කළයට ම යි වතුර පුරවන්නේ. හිස්

කළගෙඩි දෙස කවුරුවත් බලන්නේ නෑ. ස්වාමීනි, මේ සිහිනයේ විපාකය කුමක්ද?"

"මහරජ, මේ සිහිනයත් අනාගතය පිළිබඳව යි. අනාගතයේ ලෝකය පිරිහෙනවා. රටේ ඕජස නැති වෙනවා. රජවරු බොහෝ දිළිඳු වෙනවා. එතකොට ධනවත් අයගේ ගබඩාවෙත් කහවණු ලක්ෂයක් පමණ තමයි ඉතුරු වෙන්නේ. දුකට පත් ජනයා ජනපදවල තමන් කරගෙන ගිය රැකී රක්ෂා කටයුතු අත්හරිනවා. රජ්ජුරුවන්ට සේවය පිණිස ඇවිත් රජ්ජුරුවන්ගේ ම කුඹුරු වතුපිටිවල වැඩ කරනවා. උක් කෙත්වල වැඩ කරනවා. මල්වතු පළතුරුවතුවල වැඩ කරනවා. රජ්ජුරුවන්ගේ ම අටුකොටු පුරවනවා. තමන් ගේ නිවෙස්වල අටුකොටු හිස් වෙලා. ඒ දිහා බලන්නවත් කෙනෙක් නෑ. ඒක හරියට වතුර පිරී ගිය මහ කළයට තව තවත් වතුර කළගෙඩි ගෙනැවිත් පුරවනවා වගෙයි. මහරජ, මේ සිහිනයෙන් ඔබට අනතුරක් නෑ. ඔබ දුටු නව වැනි සිහිනය කුමක්ද?"

"ස්වාමීනි, මං දුටු නව වැනි සිහිනය මෙයයි. පස් පියුම් පිපී ගිය හැම පැත්තෙන් ම බහින්ට පුළුවන් තොට තියෙන ගැඹුරු පොකුණක් තිබුනා. දෙපා සිව්පා හැම සතෙක් ම වටෙන් ඇවිත් ඒ පොකුණෙන් වතුර බොනවා. ඒ පොකුණේ මැද ගැඹුරු තැන ඇති වතුර හරියට කැලඹිලා. හැබැයි දෙපා සිව්පා සතුන් ගොඩබසින තැන වතුර හොඳට තැන්පත්. පැහැදිලිව, නොකැලඹී තිබුනා. ස්වාමීනි, මේ සිහිනයේ විපාකය කුමක්ද?"

"මහරජ, මෙයත් අනාගතයට බලපාන සිහිනයක්. අනාගතයේ පාලකයෝ අධාර්මික වෙනවා. ඡන්ද, දෝෂ, භය, මෝහ යන මෙයින් අගතියට යනවා. ඔවුන්

සාධාරණව තීරණ ගන්නේ නෑ. ඔවුන් වංචනික යි. ධනයට ම යි ආසා. රටවැසියා කෙරෙහි ක්ෂාන්ති, දයා, මෛත්‍රී ආදිය නැතිව යනවා. උක් යන්ත්‍රයට දාමූ උක් මිරිකා යුෂ ගන්නා සේ ජනතාව පෙළමින් බදු පිට බදු පටවමින් ජනතාව ගේ ධනය සූරා ගන්නවා. බදු බරින් පීඩිත මිනිස්සු බදු ගෙවාගන්ට නොහැකිව ගම්නියම්ගම් හැරදමා ඈත පිටරට යනවා. නගරබද ජනපද ජනයා ගෙන් හිස් වෙලා යනවා. ඒක හරියට පොකුණ මැද කැලඹිලා පොකුණ වටේ ශාන්තව තියෙනවා වගෙයි. මහරජ, මේ ස්වප්නයෙන් ඔබට අනතුරක් නෑ. දසවෙනි සිහිනය කුමක්ද මහරජ?"

"ස්වාමීනි, මං දුටු දසවෙනි සිහිනය මේකයි. හැළියක බත් ඉදෙනවා දැක්කා. බත ඉදිලා කියලා හිතාගෙන හැළිය ඇර බැලූ විට බෙදලා තැබුවා වගේ තුන් ආකාරයට බත වෙන්වෙලා. එක පැත්තක හොඳට බෙරිවෙලා. තව පැත්තක හාල් අමුයි. අනිත් පැත්තේ පදමට තැම්බිලා. ස්වාමීනි, මේ සිහිනයේ විපාකය කුමක්ද?"

"මහරජ, ඔය සිහිනය බලපාන්නෙත් අනාගතයට යි. අනාගතයේ රජවරු අධාර්මික වෙනවා. අධාර්මික රාජ්‍ය පාලකයන් නිසා මැති ඇමතිවරු, බ්‍රාහ්මණ ගෘහපතිවරු, නිගමජනපදවාසීන්, ශ්‍රමණබ්‍රාහ්මණයන් ආදී හැමෝම අධාර්මික වෙනවා. ඔවුන්ගේ පුද පූජාවන් භාරගන්නා ආරක්ෂක දෙවිවරු, රුක්දෙවිවරු, අහස්වැසි දෙවිවරු ආදී දෙවියොත් අධාර්මික වෙනවා. අධාර්මික රාජ්‍ය පාලකයන්ගේ රාජ්‍යයෙන් හමන සුළඟ පවා රළු විසම දෙයක් බවට පත් වෙනවා. ඒ රළු සුළඟින් අහසේ ඇති දෙව් විමන් සෙලවෙනවා. එතකොට දෙවියෝ කිපෙනවා. එතකොට නියමාකාරයට වැස්ස නැති වෙනවා. වැස්සත්

මුළු රටට ම වහින්නේ නෑ. වැස්සත් කුඹුරු වතුපිටි වලට උපකාරී විදිහට වහින්නේ නෑ. වැව්, පොකුණු ජලාශවල උඩහට වැස්සොත් පහළට වැස්ස නෑ. පහළට වැස්සොත් උඩහට වැස්ස නෑ. එක් පළාතක වැස්ස වැඩි වීමෙන් කුඹුරු විනාශ වෙනවා. තවත් පළාතක පැවිල්ලෙන් කුඹුරු විනාශ වෙනවා. තවත් පළාතකට පමණක් ගොයම සරු වෙනවා. තුන් ආකාරයකට බත ඉදුන එකම හැළිය වගෙයි. ඔය ස්වප්නය හේතුවෙන් ඔබට අනතුරක් නෑ. රජතුමනි, එකොළොස්වන සිහිනය කුමක්ද?"

"ස්වාමීනි, මං දුටු එකොළොස්වන සිහිනය මෙයයි. රන් කහවණු ලක්ෂයක් අගනා වටිනා සඳුන් අරටුවක් තිබුනා. නමුත් ඒක කුණුමෝරුවක හිලව්වට වික්කා. ස්වාමීනි, මේ සිහිනයේ විපාකය කුමක්ද?"

"මහරජ, අනාගතයේ ලාභසත්කාර කීර්ති ප්‍රශංසාවට ලොල් අලජ්ජී භික්ෂූන් බිහි වෙනවා. ඔවුන් තථාගතයන් විසින් ලාභසත්කාර ආශාවන් මැඩපවත්වන්ට දෙසූ ධර්මය ලාභසත්කාර උදෙසා ම දේශනා කරනවා. සසර දුකින් මිදීමට උපකාරී වන ආකාරයෙන් ධර්මය දේශනා කරන්ට නොහැකි වෙනවා. හුදෙක් තථාගතයන් ගේ වචන මිහිරි හඬින් පවසනවා. එය අසන ජනයා වටිනා පිරිකර පූජා කරනවා. වටිනා පිරිකර පූජා කරන්ට කැමැත්ත ඇති කරගන්නවා. ප්‍රසිද්ධ තැන්වල, රජමැඳුරුවල මිලමුදල් සඳහා බණ කියන්ට පටන් ගන්නවා. ඔය විදිහට තථාගතයන් විසින් නිවන උදෙසා දෙසූ ධර්මය සිව්පසය ලාභයට, මිලමුදලට විකුණා බණ කීම හරියට ලක්ෂයක් වටිනා සඳුන් අරටුව කුණුමෝරු ගාණට විකිණීම වගෙයි. මේ නිසා මහරජ, ඔය සිහිනයෙන් ඔබට අනතුරක් නෑ. දොළොස් වෙනි සිහිනය කුමක්ද මහරජ?"

"ස්වාමීනි, මං දුටු දොළොස් වන සිහිනය මෙයයි. හිස් ලබුකබල් දියේ ගිලී යනවා දැක්කා. මෙහි විපාකය කුමක්ද?"

"මහරජ, අනාගතයේ අධාර්මික රාජ්‍ය පාලකයෝ පහළ වෙනවා. ඔවුන් සුදුසුකම් තියෙන වැදගත් කුලපුත්‍රයන්ට තනතුරු නොදී නුසුදුස්සන්ට මැති ඇමතිකම් දෙනවා. අන් අය දිළිඳු වෙනවා. ඔවුන් රජු ඉදිරියේ ත් රජගේ දොරකඩදී ත් ඇමැති මණ්ඩලයේදී ත් විනිශ්චය සභාවේ ත් හිස් ලබුකබල් වැනි නුසුදුස්සෝ ම තමන් ගේ අදහස් හුවා දක්වා ඒවා ම ස්ථිර කොට කථා කරනවා. සංඝයා අතරත්, සංඝයාගේ කටයුතුවලදී ත් සංඝසභාවල තීරණ ගන්නා විටත් දුස්සීල පාපී පුද්ගලයන් ගේ කථාව උතුම් හැටියට පිළිගැනෙනවා. සිල්වත් ගුණගරුක භික්ෂූන්ව පිළිනොගෙන බැහැර කරනවා. හරියට හිස් ලබුකබල් යටට ගිලෙනවා වගේ දුස්සීල පුද්ගලයන්ගේ අදහස් ස්ථිර වෙනවා. මහරජ, මෙය ඔබට අනතුරක් නොවෙයි. දහතුන් වෙනි සිහිනය කුමක්ද?"

"ස්වාමීනි, දහතුන්වැනි සිහිනය මෙයයි. කූටාගාර තරමේ අති විශාල ගල් කුට්ටි නැව් වගේ වතුරේ පාවෙවී ගියා දැක්කා. ස්වාමීනි, මෙහි විපාකය කුමක්ද?"

"මහරජ, මෙයත් අනාගතයට බලපාන සිහිනයක්. අනාගතයේ රාජ්‍ය පාලකයෝ අධාර්මික වෙනවා. ඔවුන් නුසුදුස්සන්ට මැතිඇමතිකම් දෙනවා. සුදුස්සෝ කොන් වෙලා දුගී වෙලා ඉන්නවා. රජු ඉදිරියේවත්, මැතිඇමතිවරු ඉදිරියේවත්, විනිශ්චය සභාවේදීවත් මහා ගල් කුට්ටි වැනි වැදගත් පුද්ගලයන්ගේ කතා ගණන් නොගෙන අත්හරිනවා. විහිළුවට ලක් කරනවා. භික්ෂූන්

වහන්සේලා රැස් වූ අවස්ථාවලත් ඔය විදිහම යි. සිල්වත් ගුණගරුක භික්ෂූන්ව ගණන් ගන්නේ නෑ. ඔවුන්ගේ කතා උපහාසයට ලක් කරනවා. ඒක හරියට ලොකු ගල් කුට්ටි වතුරේ පාවෙනවා වගෙයි. මහරජ, මේ සිහිනයෙන් ඔබට අනතුරක් නෑ. ඔබ දුටු දාහතරවැනි සිහිනය කුමක්ද?"

"ස්වාමීනි, මං දුටු දාහතරවැනි සිහිනය මෙයයි. ඒ මැඩියන් පුංචි මී මල් වගේ කුඩායි. ඔවුන් මහා දරුණු විශාල විෂඝෝර සර්පයන් පසුපසින් හඹාගෙන ගිහින් මානෙල් දඬු කඩනවා වගේ ඔවුන්ව කඩ කඩා මස් කැබලි ගිලිනවා දැක්කා. ස්වාමීනි, මේ සිහිනයේ විපාකය කුමක්ද?"

"මහරජ, මෙයත් අනාගතය පිළිබඳ සිහිනයක්. අනාගතයේ ලෝකය පිරිහෙනවා. ඒ කාලෙට මිනිස්සු තියුණු රාගයෙන් යුක්ත වෙනවා. කෙලෙසුන්ට වසඟ වෙලා ඉතා යොවුන් තරුණියන් බිරින්දෑවරුන් හැටියට තබාගන්නවා. ඔවුන් දාස කම්කරුවන්ව, ගවමහීෂාදීන්ව, රන් රිදී ආදී ධනයත් තමන්ගේ යටතට ගන්නවා. ඔවුන්ගේ ස්වාමිවරු 'අසවල් රන්රිදී කෝ? අසවල් මුදල් කෝ?' ආදී වශයෙන් ඇසූ විට 'ඒවා තිබෙන තැනක තිබුණාවේ. ඔහේට ඒවායෙන් මොකොට ද?' ආදී වශයෙන් නොයෙක් ආකාර පරුෂ වචන වලින් බණිමින් මුඛය නමැති ආයුධයෙන් කොටන්ට පටන් ගන්නවා. තමන්ගේ ස්වාමිවරුන්ව දාස කොලුවන් වගේ වසඟයේ තබා ගන්නවා. ඒක හරියට පොඩි මී මල් වගේ මැඩියන් විශාල නපුරු සර්පයන් පන්නාගෙන ගිහින් කැලි කඩ කඩා ගිල දමනවා වගෙයි. මෙයින් ඔබට වන භයක් නෑ. මහරජ, පහළොස් වැනි සිහිනය කුමක්ද?"

"ස්වාමීනි, මා දුටු පහළොස්වැනි සිහිනය මෙයයි. දස අසද්ධර්මයෙන් යුක්ත ගමේ ගොදුරු කන කපුටෙක් හිටියා. රන්වන් පාටින් යුතු ස්වර්ණ හංසයෝ පිරිසක් ඒ කපුටාව පිරිවරා ගෙන හිටියා දැක්කා. ස්වාමීනි, මේ සිහිනයේ විපාකය කුමක්ද?"

"මහරජ, මෙයත් අනාගතය සම්බන්ධ සිහිනයක්. අනාගතයේ දුර්වල රාජ්‍ය පාලකයෝ බිහි වෙනවා. ඔවුන් දක්ෂ නෑ. කර්මාන්ත කටයුතුවලට දක්ෂත් නෑ. යුද්ධයට දක්ෂත් නෑ. දක්ෂතා ඇති සුදුසුකම් ඇති බලවත් අයට තනතුරු දුන්නොත් තමන්ගේ රජයට තර්ජනයක් වේවිය සිතලා කිසි සුදුසුකමක් නැති තමන්ගේ පාමුල වැටී හැම දෙයට 'එහෙමයි' කියන නාවන්නන්, රැවුල් කපන්නන් ආදී බාල පුද්ගලයන්ට ප්‍රධාන තනතුරු දෙනවා. එතකොට ජාති ගෝත්‍ර සම්පන්න රජපවුල්වල දක්ෂතා තියෙන අය ජීවත් වෙන්ට ක්‍රමයක් නැති වීමෙන් අර හීන පුද්ගලයන්ට සේවය කරමින් ඉන්නවා. ඒක හරියට රන් හංසයන් විසින් කපුටෙකුව පිරිවරාගෙන ඉන්නවා වගෙයි. මහරජ, මේ සිහිනයෙන් ඔබට අනතුරක් නෑ. දහසය වැනි සිහිනය කුමක්ද?"

"ස්වාමීනි, මං දුටු දහසයවැනි සිහිනය මෙයයි. ස්වාමීනී, ඉස්සර දිවියෝ නොවැ එළුවන්ව කෑවේ. මං දැක්කේ ඒකේ අනිත් පැත්ත. එළුවෝ දිවියන්ව හඹාගෙන යනවා. ඔවුන්ව අල්ලාගෙන මුරු මුරු හඬින් කාලා දානවා. එතකොට දිවියෝ දුර දී ම එළුවන්ව දැකලා මහත් සේ භයට පත්වෙලා පලා ගිහින් කැලෑ පඳුරු අස්සේ හැංගෙනවා. ස්වාමීනි, මේ සිහිනයේ විපාකය කුමක්ද?"

"මහරජ, මේ සිහිනයත් අනාගතය සම්බන්ධයෙන්

ම යි. අනාගතයේ අධාර්මික රාජ්‍ය පාලකයෝ බලයට එනවා. ඔවුන්ගේ කාලයේ නුසුදුසු පුද්ගලයන්ට රාජ්‍ය තනතුරු ලැබෙනවා. සුදුසුකම් තියෙන අය අප්‍රකට දුගී බවට පත් වෙනවා. එතකොට නුසුදුසු පුද්ගලයන් තමා ලත් තනතුරුවල බලය යොදවා සුදුසුකම් තුළ, කුලීන පුද්ගලයන්ට පාරම්පරිකව ලැබී ඇති උරුමයන් වන කෙත්වතු ආදියට අයිතිවාසිකම් කියමින් පැහැර ගන්නවා. සාධාරණය පතා නීති මාර්ගයට ගියද හිමිකරුවන්ට වේවැල් පහර දී බෙල්ලෙන් ඇද එළියට දමා තර්ජනය කොට පලවා හරිනවා. ඔවුන්ව සිරගත කරන බවටත්, අත්පා සිඳ දමන බවටත් තර්ජනය කොට නිශ්ශබ්ද කරනවා. සැබෑ හිමිකරුවෝ තමන් සතු දේ ඔවුන්ට පවරා භීතියෙන් වාසය කරනවා.

ඒ කාලෙදි පාපී භික්ෂූන් සිල්වත් ගුණගරුක භික්ෂූන්ව සිතුමනාපේ වෙහෙසට පත් කරනවා. එතකොට බලවත් භික්ෂූන්ගෙන් කිසි උපකාරයක් නොලබන සිල්වත් භික්ෂූන් ආරණ්‍යවලට, හුදෙකලා තැන්වලට ගොස් සැඟවී වාසය කරනවා. ඔය විදිහට ලාමක නුසුදුසු පුද්ගලයන් ගෙන් පීඩාවට පත්වන යහපත් අය සැඟවී වාසය කරනවා. ඒක හරියට බිහිසුණු එළුවන්ව දැක භීතියට පත් වූ දිවියන් පලා ගොස් සැඟවෙනවා වගේ. මහරජ, මේ සිහිනෙනුත් ඔබට භයක් නෑ. බ්‍රාහ්මණයන් මේ සිහින තෝරා දුන්නේ තමන්ට ලාභ ප්‍රයෝජන ඇතිවෙන ආකාරයට යි.

මහරජ, ඔබ දුටු සිහින පෙර හිටි රජවරුත් දැක්කා. එතකොටත් බ්‍රාහ්මණයන් කළේ බොහෝ සතුන් මරා දමන යාගයක් කරන්ට කියා රජුට අනුශාසනා කිරීම යි. නමුත් නුවණැත්තන්ගේ උපදෙස් අනුව ඒ රජු ගිහින් බෝධිසත්වයන් ගෙන් ඇසුවා. බෝධිසත්වයෝ ඔය සිහින

දහසය මේ විදිහට ම තෝරා දුන්නා."

"අනේ ස්වාමීනි, මා දුටු පරිදි ම සිහින දුටු ඒ රජතුමා ගේ අතීත කථාව කියා දෙන සේක්වා!" කියලා කොසොල් රජතුමා භාග්‍යවතුන් වහන්සේ ගෙන් ඉල්ලා සිටියා. භාග්‍යවතුන් වහන්සේ මේ ජාතකය වදාළා.

"මහරජ, ගොඩාක් ඈත කාලෙක බරණැස් පුරේ බ්‍රහ්මදත්ත නමින් රජ්ජුරු කෙනෙක් රාජ්‍ය කළා. ඒ කාලේ මහාබෝධිසත්වයෝ උසස් බ්‍රාහ්මණ කුලයක උපන්නා. තරුණ වයසේ දී ගිහි ජීවිතය අත්හැර තාපසයෙක් වුනා. ධ්‍යාන අභිඥාත් උපදවා ගත්තා. හිමාල වනයේ වාසය කළා.

ඔය කාලේ බරණැස් රජ්ජුරුවෝ ඔය සිහින දහසය ම දැක්කා. දැකලා බ්‍රාහ්මණයන් කැඳෙව්වා. එහි ප්‍රතිඵල විමසා සිටියා. එදත් රජ්ජුරුවන්ට බ්‍රාහ්මණයන් ගෙන් ලැබුණේ මෙදා පිළිතුරු ම යි. බමුණන් ගේ උපදෙස් පරිදි මහා යාගයකට සූදානම් වුනා. ඒ බමුණන් අතර හිටිය පුරෝහිත බ්‍රාහ්මණයෙකුගේ ඉතා නුවණැති ශිෂ්‍යයෙක් සිටියා. ඔහු සිය ආචාර්ය බ්‍රාහ්මණයාගෙන් මෙහෙම ඇහැව්වා. "භවත් ආචාර්යපාදයෙනි, ඔබ ම යි අපට තුන් වේදය ඉගැන්නුවේ. ඒ වේදයේ කිසි තැනක එක් කෙනෙක් මරවා තවත් කෙනෙකුට සෙත සලසන දහමක් උගන්වා නැහැ නොවැ."

"ඒක හරි දරුව... නමුත් අපට ධනය ලැබෙන්ට පිළිවෙළක් ඕනෑ නේද? තොප නම් රජ්ජුරුවන්ගේ ධනය රැකදෙන්ට ආසා ඇතුවා වාගෙයි."

"එසේ නම් ආචාර්යපාදයෙනි, ඔබ ඔබේ කටයුත්ත කළ මැනව. මං ඔබ ළඟ සිටීමෙන් කුමක් කරන්ටද?"

කියා රාජ උද්‍යානයට ගියා.

හිමාලයේ සිටිය බෝධිසත්වයෝ මේ කරුණ දිවැසින් දැක්කා. මේ වෙලාවේ මං මිනිස් වාසයට ගියොත් ලොකු යහපතක් වෙනවා කියලා අහසින් රජ උයනට වැඩියා. මංගල ගල්තලාවේ රන් පිළිමයක් වගේ වාඩිවෙලා සිටියා. එතකොට අර තරුණයා බෝධිසත්වයන්ව දැකලා ගිහින් වන්දනා කොට එකත්පස්ව වාඩි වුනා. පිළිසඳර කතාබස් කළා.

"මානවකය, කොහොමද රටේ රජු ධාර්මිකව රාජ්‍ය කරනවා ද?"

"ස්වාමීනි, රජ්ජුරුවෝ නම් ධාර්මිකයි. ඒත් මේ ලේසියෙන් සෑහීමට පත්කරන්ට බැරි බ්‍රාහ්මණයන් ඇතුළට වැදිලා ඉන්නවා නොවැ. එයාලගෙන් තමයි ගැලවෙන්ට අමාරු. අපේ රජ්ජුරුවෝ අද්භූත සිහින දහසයක් දැක්කා. බ්‍රාහ්මණවරු ඒ සිහින තේරුවේ රාජ්‍යයටත්, රජුටත්, රටවැසියන්ටත් විපතක් තියෙනවා කියලයි. ඒකෙන් බේරෙන්ට සතුන් මරා මහා යාගයක් කරවන්ට කිව්වා. අනේ ස්වාමීනි, ඔබවහන්සේ මැදිහත් වෙලා මේ සිහින තෝරලා මහජනයා පත් වී සිටින මේ හයින් මුදවා දෙනු මැනව."

"මානවකය, මං ඔබේ රජ්ජුරුවන්ව දන්නේ නෑ නොවැ. ඉදින් රජ්ජුරුවන්ව මෙහි කැඳවා ආවොත් මට ඔය සිහින තෝරා දෙන්ට පුළුවනි."

එතකොට තරුණයා මාළිගයට දුවගෙන ගිහින් අහසින් වඩින සෘෂිවරයෙක් රාජ උයනට ඇවිත් සිටින බවත් ඔහුට සිහින පලාපල කියන්ට පුළුවන් බවත්

රජ්ජුරුවන්ට දැනුම් දුන්නා. එතකොට රජ්ජුරුවෝ සතුටු වෙලා මහත් පිරිවර එක්ක බෝධිසත්වයෝ බැහැදකින්ට ආවා. සතුටු සාමීචියේ යෙදී සිහින ගැන දන්වා සිටියා.

"සටනට විත් සටන් නොකොට
හැරී දුවන වෘෂභයෝ ය.
පොඩි වයසේ මල් ගෙඩි ඇති
ඉතා කුඩා වෘක්ෂයෝ ය.
එදා උපන් පැටවුන්ගෙන්
කිරි උරනා ගව දෙන්නුය.
මහ ගවයන් සිටිය දී ගැල්බැඳි
දුර්වල ගවයෝ ය.

දෙපැත්තෙන් ම තියෙන කටින්
තිරිඟු බුදින අස්පයෝ ය.
රන් තැටියේ සුළුදිය පහකරනා ජර සිවලා ය.
පුටුවේ යට සිට අඹරන ලණු කන සිවල් දෙනය.
නැවත නැවත කළගෙඩිවලින් වතුර දමද්දී
උතුරා යන දිය ඇති මහ කළය ය.

මැද කැළඹී ඉවුරු වටේ
නොකැළඹුනු දිය ඇති පොකුණ ය.
පිළිවෙළකට බත් නොඉදෙන බත් සැලිය ය.
කුණුමෝරු ගණනට විකිණෙන සඳුන් හරය ය.
දිය යට ගොස් නැවතී සිටි ලබු කබල් ය.

දිය මත පාවී යන මහ ගල් කුට්ටිය.
දරුණු සර්පයන් සපා ගිලිනා
මී මල් වැනි කුඩා මැඩියෝ ය.
කපුටෙකු පිරිවරා ගෙන සිටින රන් හංසයෝ ය.
එළුවන්ට භයෙන් පලාගොස් සැඟවෙන දිවියෝ ය."

බරණැස් රජ්ජුරුවන්ගේ මේ සිහින දහසය බෝධිසත්වයෝ තෝරා දුන්නා. රජ්ජුරුවන්ට භයක් වෙන්ට කිසි කරුණක් නැති බවත් පහදා දුන්නා. සත්වයන් මරා යාග කිරීමෙන් වළකින්න කියා අවවාද කොට අහසින් හිමාලයට වැඩියා.

"ඒ වගේම මහරජ, මේ සිහිනවලින් ඔබට කිසි අනතුරක් නෑ. ඔය යාගයට බැඳි සතුන්ට අභය දානය දෙන්ට" කියලා ඉල්ලා සිටියා. එදා රජ්ජුරුවෝ වෙලා සිටියේ අපේ ආනන්දයන්. බ්‍රාහ්මණ තරුණයාව සිටියේ අපේ සාරිපුත්තයන්. තාපසයා වෙලා සිටියේ මම යි කියා භාග්‍යවතුන් වහන්සේ මේ ජාතකය වදාළා.

08. ඉල්ලීස ජාතකය

ඉල්ලීස සිටාණන්ගේ කථාව

පින්වතුනේ, පින්වත් දරුවනේ,

අධික ලෝභකම තියෙන කෙනා බොහෝ දුකින් වාසය කරන්නේ. ඒ වගේම ඊර්ෂ්‍යාවෙනුත් යුක්තයි. ඒ කෙනා ජීවිතය විඳවනවා. එබඳු කෙනෙකුව යහපත් මාර්ගයකට ගත් ආකාරය කියැවෙන ලස්සන කථාවක් මෙය.

ඒ දිනවල භාග්‍යවතුන් වහන්සේ වැඩ වාසය කලේ සැවැත් නුවර ජේතවනාරාමයේ. එදා භාග්‍යවතුන් වහන්සේ හිමිදිරියේ ම මහා කරුණා සමාපත්තියට සමවැදී සසර දුකින් මිදීම පිණිස පින රැස් කරගත් තව කවුද ඉන්නේ කියලා සොයා බැලුවා. එවේලේ උන්වහන්සේ දක්කේ සැවැත් නුවර සිට හතළිස්පස් යොදුනක් දුර වූ රජගහනුවර වාසය කරන සිටු යුවළක් ගැනයි. ඒ දෙන්නාට ම සෝවාන් ඵලයට පත්වීමේ පින තිබුනා.

මේ සිටුතුමා වාසය කළේ රජගහනුවර ආසන්නයේ තිබෙන සක්කාර කියන නියම්ගමේ. මොහුගේ නම මසුරු කෝසිය. මොහුට අසූ කෝටියක ධනයක් තිබුනා. නමුත් තණ අග තැවරූ තෙල් බිඳක් තරම් දෙයක්වත් මොහු අනුන්ට දෙන්නේ නෑ. තමන් කන බොන කෙනෙකුත් නොවෙයි. මේ නිසා ඔහුගේ ධනයෙන් අඹුදරුවන්ටවත්,

ශ්‍රමණ බ්‍රාහ්මණයන්ටවත් ප්‍රයෝජනයක් නෑ. රකුසෙකු අරක්ගත් පොකුණක් වගේ කාටවත් ප්‍රයෝජන ගත නොහැකිව තිබුනා.

දවසක් මොහු රාජ උපස්ථානයට ගිහින් ආපසු එද්දී මහත් කුසගින්නෙන් පෙළුනු ජනපදවාසී එක්තරා මනුෂ්‍යයෙක් පැණිපොල් පිරවූ කැවුමක් රස කර කර කනවා දැක්කා. දැකපු ගමන් මොහුටත් පැණිපොල් පිරවූ කැවුමක් කන්ට මහත් ආශාවක් ඇතිවුනා. ඒ ගැන ම කල්පනා කරමින් ගෙදර ගියා.

"ෂා... ඒ මිනිහා පැණිපොල් පුරවපු කැවුම පැණි බේරෙද්දීත් කාපු හැටි...! ෂා... හරිම අපූරුයි... ෂා... අහෝ...! එහෙත් මට කොහෙන්ද එහෙම වාසනාවක්... මං යාන්තම් ආසාවකට කැවුමක් කන්ට ගත්තොත් හැමෝට ම කැවුම් කන්ට ආසා හිතෙනවා නොවැ... එතකොට හාල්, ගිතෙල්, පැණි සෑහෙන්ට නාස්ති වේවි... හනේ... කොහේවත් ඉන්න එවුන්ට කැවුමුත් කවාපල්ලකෝ එහෙනම්... අනේ... ෂා... ඒ මිනිහා කැවුම කද්දී අතේ පැණි තැවරිලා තිබුනා... ෂා... හරිම අගෙයි...! හ්ම්...!"

ඉතින් මසුරු කෝසිය සිටාණන් මේ ගැන ම කල්පනා කරමින් කෙළ ගිල ගිල ඉඳලා කෙට්ටුවෙලා ගියා. නහරවැල් පෑදුනා. කැවුම් කෑමේ ආසාව ඉවසන්ට බැරි තැන යහන් ගැබට ගොහින් ඇඳට වැටුනා. කැවුම් කන්ට ගොහින් තමන්ගේ ධනය නාස්ති වේවි යන භයින් කාටවත් ම මේ දුක නොකියා හිටියා.

සිටු බිරිඳ ඇවිත් ඇඳේ පැත්තකින් වාඩිවුනා. "ඇයි අනේ මේ...? ඔයාට මක් වුනාද? මොකක්ද ඔය අසනීපේ... හප්පේ... මේ ටික දොහට හොඳට ම ඇඟ

වැටිලා කටු ගැහිලා ගියා... කියන්ට අනේ... මොකක්ද ඔයාගේ අසනීපේ...?" කියලා පිට පිරිමැද්දා.

"ම්හ්... නෑ... මට ඇති අසනීපයක් නෑ..." කියලා අනිත් පැත්ත හැරුනා.

"ඇයි අනේ එහෙම කියන්නේ...? එතකොට අපේ මහරජ්ජුරුවෝ උදහස් වුනාද?"

"ම්හ්... රජ්ජුරුවන්ට මං ගැන උදහස් වෙන්ට මොකවත් වුනේ නෑ..."

"එහෙනං... අපේ ළමයින්ගෙන් ඔයාට මොකොවත් හිත් රිදීමක්වත් වුනාද?"

"අනේ... දරුවන්ගෙන් මට වරදක් නෑ..."

"එහෙනම්... මොකක්ද අනේ ඔය වුනේ...? දැසිදස් කම්කරුවන්ගේ අතින් ඔයාට වරදක් වුනාද?"

"එවුන්ගෙන් මට වරදක් නෑ.."

"කෝ... ඉතින් ඔයා කියන්නේ නෑනේ... එහෙනං.... මොකක් හරි ආසාවක්වත් ඇතිවුනාද?" එතකොට සිටාණන් නිශ්ශබ්දව හිටියා. "කියන්න අනේ... මොකක්ද ඔයාට ඔය හැටි අසනීප වෙනකල් හිතේ හටගත්තු ආසාව...?" එතකොට ඔහු වචන ගිලිමින් මෙහෙම කිව්වා. "හ්ම්... හනේ... මන්දා... මට... එකම එක... ආශාවක් තියෙනවා...." "ඉතින් කියන්ට... මොකක්ද ඒ ආසාව....?" "ම... ම... මට... කැ... කැවු... කැවුමක් ක... කන්ටයි ආසා"

එතකොට සිටුදේවි කොක්හඬ තලා හිනැහුනා. " හානේ... මේකද ඔයාගේ මහලොකු ආසාව... හොඳයි...

හොඳයි... හප්පේ... ඒක කියාගන්ට තිබුන අමාරුව... හනේ... හනේ... කැවුමක් කන්ට බැරිතරම් ඔයා දිළින්දෙක්ද? හරි... එහෙමනම් අපි මේ මුළු සක්කාර නියම්ගමේ හැමෝට ම සෑහෙන්ට කැවුම් හදමු..."

එතකොට සිටාණන් ඇඳෙන් නැගිට්ටා. ඉන්දුනා. ඇස් ලොකු වුනා. "හෑ.... සක්කාර නියම්ගමේ හැමෝට ම... හෑ... මේ කැවුමකට ඒකුන්ව පටලවා ගන්නේ අහවල් දෙයකටද?" "හොඳයි... හොඳයි... එහෙනම්... අපේ සිටු මාළිගාව තියෙන වීදියේ දෙපැත්තේ අයට සෑහෙන්ට කැවුම් හදමු..." "හපොයි... හපොයි... මං... මං දන්නවා ඔහේට ගොඩක් සල්ලි තියෙන වග...." "එහෙනම් සිටු මාළිගාවේ හැමෝටත් එක්ක කැවුම් හදමු..." "හා හා... ඇති.... ඇති... ඔහේට මහ ලොකු අදහස් තියෙන වගත් මං දන්නවා..." "හරි... එහෙනම් අපේ දරුවන්ටත් එක්ක හදමු..." "මේ අවස්ථාවේ ළමයින්ට කැවුම්වල අවශ්‍යතාවයක් නෑ..." "හ්ම්... එහෙනම් අපි දෙන්නට විතරක් කැවුම් හදමු..." "මේ... හාමිනේ... මේ කැවුමකට ඔහේ පැටලෙන්නේ ඇයි...?" "හා... හොඳයි හොඳයි... එහෙනම් ඔයාට විතරක් කැවුම් හදන්නම්කෝ...."

"සොඳුරී... මේ පහළ කුස්සියේ කැවුම් හදන්න ගියොත් ඕක ආරංචි වෙනවා... හැමෝට ම කැවුම් කන්න හිතේවි. එහෙම නෙමෙයි... ඔයා හොඳ සොඳුරී නොවැ... ඉතින් ඔයා මෙහෙම කරන්ට... හොඳම හාල් ගන්ට ඕනෑ නෑ... සුණු සහල් හොඳා... ගිතෙල්, මී පැණි, කිරි ටික ටික ගන්ට. ලිපත් ලෑස්ති කරගෙන උඩ ම තට්ටුවට යන්ට. ඒ කිවේවේ හත්වෙනි තට්ටුවට හොඳේ. මට එතැන වාඩිවෙලා... ඔව්... පැණිබේරෙන කැවුම් තනියම කන්ටයි ආසා...!"

එතකොට සිටුදේවිය සිටාණන් කියපු විදිහට ඔක්කොම ද්‍රව්‍යයන් අරගෙන හත්වෙනි තට්ටුවට නැග්ගා. සිටාණන් දාස කම්කරුවන් පහළට කැදෙව්වා. තමන් එක් එක් තට්ටුවෙන් දොරවල් වසමින් හත්වෙනි මහලට නැග්ගා. එහි දොරත් වැහුවා. සිටුදේවිය කැවුම්වලට උවමනා සියලු දේ සකස් කළා. තාච්චිය ලිපේ තබා ගිතෙල් දැම්මා. කැවුම් පිසින්ට පටන් ගත්තා.

එදා භාග්‍යවතුන් වහන්සේ උදෑසනින් ම අපේ මොග්ගල්ලාන මහරහතන් වහන්සේව ඇමතුවා. "මොග්ගල්ලාන... රජගහනුවර සක්කාර නියම්ගම ඔබ දන්නවානේ... ඒ ගමේ මසුරු කෝසිය සිටාණන් අනුන්ට දෙන්ට වේවි යන භයින් රහසේ ම කැවුම් කන්ට ඕනෑ කියලා සත්වෙනි මහලට ගොඩවෙලා කැවුම් පිසවනවා. ඔබ ගිහින් සිටාණන්ව දමනය කරන්ට. ඒ දෙන්නා පූජා කරන කැවුම් අද මේ සැවැත්නුවර වාසය කරන පන්සියයක් භික්ෂූන් දහවල් දානය පිණිස වළඳනවා..."

එතකොට අපගේ මොග්ගල්ලාන මහරහතන් වහන්සේ භාග්‍යවතුන් වහන්සේට වන්දනා කොට සිවුරු පොරවාගෙන පාත්‍රය අතට ගත්තා. සැවැත් නුවරින් නොපෙනී ගියා. මසුරු කෝසිය සිටාණන් කැවුම් පිසින උඩුමහලේ ජනේලයට පිටින් ආකාසයේ මැණික් පිළිමයක් වගේ සිටගෙන වැඩහිටියා.

සිටාණන් අපේ මොග්ගල්ලානයන් දැක්කා විතරයි පපුව ගැහෙන්ට පටන් ගත්තා. කෝපය වැඩිවෙලා 'තට.. තට...' ගාමින් දත් වෙව්ලන්ට පටන් ගත්තා. "ඕන්න... ඕන්න... ආවා... මේ වගේ උදවියට භය නිසා ම යි මං මේ තරම් උඩට ආවේ... අයියෝ...! නිදහසේ කැවුමක්වත්

කන්ට නැති හැටි...!' කියල හිතලා මෙහෙම කිව්වා. "මේ... එම්බා ශ්‍රමණය.... මොකෝ ආකාසෙ හිටගත්තේ...? මොකවත් ලැබෙයි කියලද? ඔහොම නොවෙයි. පියවර ගමනින් හක්මන් කොළත් මොකවත් නෑ ඕං..." එතකොට මොග්ගල්ලානයන් වහන්සේ පියවර ගමනින් අහසේ සක්මන් කළා. "ඕ... හෝ... ඒ ගමන හක්මන් පටන් ගත්තාද? ඔහොම නොවෙයි. පළඟක් බැඳගෙන වාඩිවුනත් මොකවත් නෑ ඕං...." එතකොට උන්වහන්සේ පළඟක් බැඳගෙන වාඩිවුනා. "ආ හා.... ඒ ගමන වාඩිවුනා! ඔහොම නොවෙයි ජනේල උළුවස්ස ළඟ සිටගත්තත් වැඩක් නෑ...." එතකොට මොග්ගල්ලානයන් වහන්සේ ජනෙල් උළුවස්ස ළඟ සිටගත්තා.

"හා... ඒ ගමන ජනෙල් උළුවස්සේ හිටගත්තා... ඔහොම නොවෙයි. ශරීරයෙන් දුම් පිටකළත් පොරෝජනයක් නෑ...." එතකොට මොග්ගල්ලානයන් වහන්සේ සරීරයෙන් දුම් පිට වෙන අයුරින් ඉර්ධියක් කොට වදාළා. මුළු ප්‍රාසාදය දුමින් වැහිලා ගියා. සිටුතුමා ගේ ඇස්වලට කටු අනිනවා වගේ දුම් සැර වැදුනා. ඔහොම නොවෙයි. ගිනි ඇවුලුවත් ලැබෙන්නෙ නෑ කියලා කියන්ට සිතුනත් අනතුරක් වේවි යන භයින් කිව්වේ නෑ.

"අහෝ... බලන්ට සොඳුරී... මට වෙච්චි ඇබැද්දිය. මේ ශ්‍රමණයා කැවුමට ම බැල්ම හෙලාගෙන නොවැ ඉන්නේ. නොලැබෙන කල් යන එකක් නෑ. බොහොම කුඩාවට කැවුමක් හදන්ට... මෙයාව පිටත් කොරලා ඉම්මු."

එතකොට ඈ සැන්දට පිටි ටිකාක් රැගෙන තාච්චියට දැම්මා විතරයි බඳුන පුරා විශාල කැවුමක්

හැඳුනා. සිටුතුමා ඔළුවේ අත ගහ ගත්තා. "මොකදෑ තී මේ කොළේ...? ටිකාක් කියන වචනය තේරෙන්නේ නැද්ද? කෝ... මෙහාට වෙනවා. මට දෙන්න හැන්ද... මං වක්කරන්නම්..." කියලා හැන්දෙන් පිටි ස්වල්පයක් ගෙන තාච්චියට දැම්මා. කලින්ටත් වඩා විශාල කැවුමක් හැදුනා. හදන හදන හැම කැවුමක් ම ලොකු වෙවී ආවා.

සිටාණන්ට වැඩේ එපා වුනා. "මේ සොඳුරී... මෙයාට ඕන්න ඔය කැවුමක් දීලා හනික පිටත් කරන්ට." ඈ කැවුමක් ගන්ට වට්ටියට අත දැම්මා විතරයි කැවුම් ඔක්කොම එකට ඇලිලා ගියා.

"මේන්න... අනේ... මේ බලන්ට... ඔක්කොම කැවුම් එකට ඇලුනා නොවැ...."

"කෝ... මේ... මට දෙන්ට. මං කැවුමක් වෙන් කරන්නම්..." කියලා සිටාණන් කැවුමක් වෙන් කරන්ට මහන්සි ගත්තා. කිසි පලක් වුනේ නෑ. ඊට පස්සේ දෙන්නා දෙපැත්තට බෙදිලා කැවුමක් වෙන් කරගන්ට මහන්සි ගත්තා. ඒත් බැරිවුනා. දූන් දෙන්නාට ම හොඳටම මහන්සියි. ඇඟෙන් දාඩිය දැම්මා. උගුර කට වේළුනා.

"සොඳුරී.... මට මේ කැවුම් කෑමෙන් කමක් නෑ. ඔය කැවුම් වට්ටිය ම මේ මහණුන්නාන්සේට දෙමු..." එතකොට ඈ කැවුම් වට්ටිය ගෙනැවිත් අපගේ මොග්ගල්ලානයන් වහන්සේට පූජා කළා. මොග්ගල්ලානයන් වහන්සේ බුද්ධ, ධම්ම, සංඝ යන ත්‍රිවිධ රත්නය ගැන විස්තර කොට දහම් දෙසුවා. දෙන්නා ම පැහැදුනා.

"ඇතුළට වඩින්ට ස්වාමීනී.... මෙහි වැඩහිඳ කැවුම් වළඳන්ට..."

"සිටුතුමනි... අපගේ භාග්‍යවතුන් වහන්සේ පන්සියයක් භික්ෂූන් වහන්සේලා සමඟ මේ කැවුම් වැළඳීම පිණිස සැවැත් නුවර ජේතවනයේ දාන ශාලාවේ වැඩ ඉන්නවා. අපි එතැනට යමු. මේ කැවුම්, කිරි, ගිතෙල් ආදිය ගන්ට. භාග්‍යවතුන් වහන්සේටත්, භික්ෂු සංඝයාටත් පූජා කරගනිමු."

"හප්පේ.... ස්වාමීනී.... මෙහි ඉඳන් යොදුන් හතළිස් පහක් දුර නොවැ සැවැත් නුවර. අපි කොහොමෙයි යන්නේ...?"

"නෑ... සිටුතුමනි. ඒකෙ ප්‍රශ්නයක් නෑ. ඔබ කැමති නම් කරන්ට තියෙන්නේ මෙච්චරයි. ඕවා සූදානම් කරගෙන පහළට බහින්ට. බැහැපු ගමන් ජේතවනයේ දාන ශාලාවට යන්ට පුළුවනි." එතකොට සිටු යුවළ කැවුම්, කිරි, ගිතෙල් රැගෙන පහළට බහිද්දී අපගේ මොග්ගල්ලානයන් වහන්සේ ඉර්ධි බලයෙන් ඔවුන්ව ජේතවනාරාමයේ දොරටුව ළඟට පැමිණෙව්වා. ඉතා සතුටින් පහළට බැස බලන විට ඔවුන් සිටියේ ජේතවනයේ. ඔවුන් මහත් සතුටින් භාග්‍යවතුන් වහන්සේ ප්‍රමුඛ පන්සියයක් භික්ෂූන්ට කැවුම් පූජා කළා. කිරි, මී, සකුරු ආදියත් පූජා කළා. දානයෙන් පසුව සිටුතුමාත්, සිටුදේවියත් බඩපුරා කැවුම් අනුභව කළා. ජේතවනයේ සියළු භික්ෂූන්ටත්, ආගන්තුක භික්ෂූන්ටත්, පැමිණි මිනිස්සුන්ටත් දුන්නා. කැවුම් අවසන් වුනේ නෑ.

"ස්වාමීනී.... කැවුම් අවසන් වෙන්නේ නෑ."

"එහෙනම් සිටුතුමනි... ජේතවනයේ දොරකොටුව අසළ ඇති වළට දමන්ට...."

එතකොට ඔවුන් ජේතවනාරාමයේ දොරටුව ඉදිරියේ පසෙක තිබූ වළකට කැවුම් දැම්මා. අද දක්වා ම එතැනට කියන්නේ 'කැවුම් දැමූ වළ' කියලයි. භාග්‍යවතුන් වහන්සේ සිටු යුවළට දහම් දෙසා වදාළා. දෙදෙනා ම සෝවාන් ඵලයට පත්වුනා. මාර්ගඵලලාභී ශ්‍රාවකයන් බවට පත් සිටු යුවළ භාග්‍යවතුන් වහන්සේටත්, මහා සංඝයාටත් වන්දනා කොට සිටු මාළිගයට නැංගා. හරි අපූරුයි. දැන් ඔවුන් ඉන්නේ කලින් සිටිය තැන ම යි. එදා සිට සිටුතුමා ඉතාම ශ්‍රද්ධාවන්ත කෙනෙක් වුනා. ලෝභකමින් නිදහස් වුනා. දානාදී බොහෝ පින්කම් කළා.

එදා දම්සභා මණ්ඩපයේ රැස්වූ භික්ෂූන් වහන්සේලා මේ ගැන කතාබස් කරමින් සිටියා. "බලන්ට ඇවැත්නි.... අපගේ මහා මොග්ගල්ලානයන් වහන්සේගේ ප්‍රාතිහාර්ය බලය මහා අසිරිමත්. මසුරු සිටාණන්ව මොහොතකින් දමනය කළා. කැවුමුත් රැගෙන ජේතවනයටත් වැඩියා. භාග්‍යවතුන් වහන්සේගේ ඇසුරින් ඔවුන් සෝවාන් ඵලයට පත්වුනා. ඊට පස්සේ නැවත සිටි තැනට ම ඇරලෙව්වා...."

එතකොට භාග්‍යවතුන් වහන්සේ එතැනට වැඩම කොට පණවන ලද බුද්ධාසනයේ වැඩහිටියා. භික්ෂූන් වහන්සේලා තමන් කතාබස් කරමින් සිටිය කරුණ ගැන භාග්‍යවතුන් වහන්සේට සැලකළා. භාග්‍යවතුන් වහන්සේ මෙසේ වදාළා.

"මහණෙනි.... අපේ මොග්ගල්ලානයන් ප්‍රාතිහාර්යය දක්වා ඔය මසුරු සිටාණන්ව දමනය කළේ මේ ආත්මේ විතරක් නොවේ. පෙර ආත්මෙකත් ඔය සිටාණන්ව දමනය කළා..."

එතකොට භික්ෂූන් වහන්සේලා යටගිය දවස සිදු වූ ඒ කථාව කියාදෙන ලෙස භාග්‍යවතුන් වහන්සේගෙන් ඉල්ලා සිටියා. භාග්‍යවතුන් වහන්සේ මේ ජාතකය වදාළා.

"මහණෙනි, බොහෝම ඉස්සර කාලෙක බරණැස් නුවර බ්‍රහ්මදත්ත නමින් රජ්ජුරු කෙනෙක් වාසය කළා. ඒ කාලේ බරණැස් නුවර ඉල්ලීස නමින් සිටුවරයෙක් වාසය කළා. ඔහුගේ පාදයක් කොරව තිබුනා. අතකුත් කොරයි. ඇහැත් වපරයි. දානය ගැන කිසිම පැහැදීමක් තිබුනේ නෑ. අවලස්සනයි. මසුරුයි. තමන් කන්නෙත් නෑ. කාටවත් දෙන්නෙත් නෑ. ඔහුගේ ධනය තිබුනේ රකුසෙකු අරක් ගත් පැන් පොකුණක් වගේ. නමුත් ඔහුගේ මාපියන් හත්මුතු පරම්පරාවක් ම දන්සැල් කරවා නිතර දන් දීපු අය. මොහුට සිටු තනතුර ලැබුණු ගමන් දන්සැල් ගිනි තිබ්බා. ඉල්ලාගෙන එන අයට ගහලා පැන්නුවා. ධනය ම රැස් කළා. මොහු දවසක් රාජ උපස්ථානයට ගොහින් ආපසු සිටුමාළිගයට එන අතරේ එක්තරා මිනිහෙක් දැක්කා. ඔහු රා කළයක් ළඟ තියාගෙන, රා බඳුනට රා පුරවාගෙන, කටගැස්මට සාදන ලද මස් කැබලි කකා රා බොමින් සිටියා. රා බොන මිනිසා දුටු මොහුගේ කටට කෙළ උනන්ට පටන් ගත්තා.

"ෂා...! අර මිනිහා රස කර කර රා බොන අපූරුව... ෂා...! මටත්... ඔව්... මටත් රා බොන්ට ඇත්නම්... කොහෙද මං බොන්ට ගියොත් අපේ හැතිකරේ වටවෙනවා නොවැ. එවුන්ටත් එතකොට දෙන්ට වෙනවා. හ්ම්... මට රා ටිකක් බොන්ට වාසනාවක් නැද්ද දෙයියනේ..." කියලා හිතන්ට පටන් ගත්තා. මේ ගැන සිතන්ට ගොහින් සිටාණන් කෙට්ටු වෙලා ගියා. නහරවැල් පෑදුනා. දවසක් බැරිම තැන ගොහින් ඇඳට වැටුනා. සිටු දේවිය ඇවිත් ළඟින්

වාඩිවෙලා පිට අතගාමින් කරුණු විමසුවා.

"ඇයි අනේ ඔයාට මොකක්ද වුනේ....?" කියලා ඔහුගෙන් ඇහුවා. එතකොට සිටාණන් කලින් වගේම උත්තර දුන්නා. එහෙනම් ඔයාට විතරක් සෑහෙන්ට මං රා ටිකක් පිළියෙල කරන්නම්.

"සොඳුරී... එහෙම බෑ... කොහොම හරි අනිත් එවුන් දැනගත්තොත් වටවේවි. ඒ නිසා රා කඩෙන් මෙහෙට ගෙන්නගෙන රා බොන්ට බෑ..." කියලා සේවකයෙක් කැඳවාගෙන ගියා. සේවකයා ගේ අතට එක මස්සක් දුන්නා.

"උඹ ගොහින් මේන්න මේකට රා ඇන්න වර...." කියලා රා ගෙන්වා ගත්තා. ගඟ අයිනට ගියා. අයිනේ තිබුන පොඩි වන වදුලක රිංගුවා. "හා... දැන් ඔය රා කළේ ඔතනින් තියලා උඹ පලයන්... ගිහින් ටිකක් ඈතින් මං එනකල් වාඩිවෙලා හිටපං..." කියලා සේවකයා පිටත් කෙරෙව්වා. රා බඳුනට රා පුරවාගෙන බොන්ට පටන් ගත්තා.

මොහුගේ පියා බොහෝ දන් පින් කළ අයෙක්. ඔහු ඒ වෙද්දි සක් දෙවිඳු වෙලා ඉපදිලා හිටියේ. ඒ මොහොතෙ ම සක්දෙවිඳු තමන් ගේ දන්වැට තව ම පවත්වනවාද කියලා තමන්ගේ පුතා දෙසට සිත යොමු කළා. එතකොට දැක්කේ තමන් පරම්පරාවෙන් දීපු දන්හල ගිනි තියලා, ඉල්ලාගෙන එන අයට ගහලා පන්නලා, අනුන්ට දෙන්න වේවිය කියලා භයින් වන වදුලක රිංගාගෙන රා බිබී ඉන්න තමන්ගේ පුත්‍රයාව යි. මොහුගේ මේ දැඩි ලෝභය නැතිකොට දෙව්ලොව උපද්දන්ට සුදුස්සෙක් කරවන්ට ඕනෑ කියලා අධිෂ්ඨාන කරගත්තා. දෙව්ලොවින් නොපෙනී ගියා. ඉල්ලීස සිටාණන් වගේ ම කෙනෙක්

හැඳුනා. බරණැස රජ මාළිගයට ගියා. රාජ ද්වාරයේ සිට රජතුමාව බැහැදකින්ට අවශ්‍ය බවට දන්වා යැව්වා. රජතුමාගෙන් එන්ට අවසර ලැබුනා. ගිහින් රජ්ජුරුවන්ට වන්දනා කළා. රජ්ජුරුවෝ මෙහෙම ඇහුවා.

"සිටුවරය... මොකද මේ අවේලාවේ හදිස්සියකින් වගේ..?"

"දේවයන් වහන්ස... අසූ කෝටියක වස්තුව අපේ නිවසේ තියෙනවා. මං මේ ආවේ ඒවා රැගෙන රාජ භාණ්ඩාගාරයේ තැන්පත් කරගන්න කියන්නයි..."

"නැත සිටුවරය... අපගේ භාණ්ඩාගාරයේ ප්‍රමාණවත් තරම් ධනය තියෙනවා..."

"එහෙනම් දේවයන් වහන්ස, එය රාජ භාණ්ඩාගාරයට අවශ්‍ය නැත්නම් මා හට කැමති පරිදි දන්දීමට අවසර දුන මැනව..."

"හොඳයි සිටුවරය.... දන් දෙන්ට."

එතකොට සිටුතුමා රජුට වන්දනා කොට සිටු මැඳුරට ගියා. කිසි කෙනෙකුට මේ ඉන්නේ වෙනත් කෙනෙක් කියා හඳුනාගන්ට බැරිව ගියා. සිටුමැඳුරට ගිහින් එළිපත්තේ ම සිටගෙන දොරටුපාලයාට මෙහෙම කිව්වා.

"මිත්‍රය.... මං වගේම කෙනෙක් බරණැස ඉන්නවා දැක්කා. ආවොත් ඇතුළට එන්ට දෙන්ට එපා... දෙකක් ඇනලා එළියට ඇදලා දාන්ට..." කියලා ඇතුළට ගිහින් සිටු ආසනයේ වාඩිවුනා. බිරිඳ කැඳවා ආදරය දක්වා මෙහෙම කිව්වා.

"සොඳුරී.... මට දන් දෙන්ට ආසාවක් ඇතිවුනා..." එතකොට සිටු දේවියත් දරුවනුත් සේවකයනුත් පුදුමයට පත්වුනා. "හප්පේ... මෙතෙක් කාලයකට තණ පතක ගෑවුණු දෙයක් නොදෙන අපේ සිටුතුමා අද වැඩිපුර රා බීලා වගෙයි. වෙරි වෙලා වෙන්ට ඇති සිත මොළොක් වෙලා තියෙන්නේ..." කියලා ඔවුන් කතා වුනා. එතකොට සිටුදේවිය මෙහෙම කිව්වා. "හොඳයි හිමියනි..... කැමති පරිදි දන් දෙන්ට."

එතකොට ඔහු අඬබෙර ගස්සවලා සෙනඟ රැස් කළා. රන්, රිදී, මුතු, මැණික් ආදී ඕනෑ තරම් වස්තුව රැගෙන යන්ට එන්ට කිව්වා. මහජනයා සිටුතුමාට පින් දිදී තම තමන් ගෙනා භාජන වලට වස්තුව අරගෙන පිටත් වුනා. එතකොට එක්තරා ජනපදවාසී මනුෂ්‍යයෙක් ඉල්ලීස සිටාණන් ගේ ගොන් කරත්තය අරගෙන සත්රුවන් පුරවාගෙන මහපාරේ හයියෙන් කෑ ගසමින් සිටුතුමාට පින් දිදී ගියා. "අනේ අපගේ ඉල්ලීස සිටු ස්වාමිනේ, දිගාසිරි ලැබෙන්ට ඕනෑ. දැන් මට සැනසිල්ලේ රස්සාවක් නොකර ජීවත් වෙන්ට පුළුවනි. අනේ පින්වත් සිටාණනි, ඔබේ ම යි මේ කරත්තේ. ඔබේ ම යි මේ වටිනා ගවයන්. ඔබේ ම යි මේ සත් රුවන්. මට මේ තරම් වස්තුව කිසිදාක මව්පියන් ගෙන් ලැබිලා නෑ. ඔබෙන් ම යි ලැබුනේ"

මහපාර අයිනේ වනවදුලේ රා බිබී හිටිය සිටාණන්ට මේක ඇහුනා. "ම්.... මගේ නම කිය කියා මට පින් දිදී යනවා ඇහෙනවා. ම්.... රජ්ජුරුවෝ මගේ වස්තුව මහජනයාට බෙදනවා වත් ද?" කියලා වනවදුලෙන් මහපාරට ආවා. බැලින්නම් තමාගේ ම කරත්තේ. තමන්ගේ ගවයන්. " ඒයි... ඔහොම හිටපිය... ඒයි හොරා... හිටු තෝ.... මගේ ගොන්නු බැඳගෙන මගේ කරත්තේ අරන් තෝ යන්නේ

කොහේද? කවුද තෝ" කියලා දුවලා ගිහින් ගවයන්ගේ නාස් ලණු උදුරා ගත්තා.

"ඕ... මේකා කවුද... එම්බල දුෂ්ඨය... ආන්න අපේ පින්වත් ඉල්ලීස මහසිටාණෝ සියලු නගරවාසීන් කැඳවා ගෙවල් දොරවල් හැරලා මහ දන් දෙනවා" කියලා ඔහු ඉල්ලීස සිටාණන්ට පහරදීලා රථයත් අරගෙන පිටත් වුනා. ඉල්ලීස සිටාණන් මහත් කම්පනයට පත් වුනා. නැගිට වැලි පිස දම දමා ආයෙමත් ගිහින් නාස් ලණුවෙන් ඇද්දා. එතකොට අර මනුෂ්‍යයා ඉල්ලීස සිටුගේ කෙස්වලින් ඇදගෙන පහර දීලා බෙල්ලෙන් අල්ලා ආ පාරට ම වැටෙන්ට තල්ලු කරලා පිටත් වුනා. එපමණකින් ම සිටාණන් ගේ වෙරි හිඳුනා.

සිටාණන් එක හුස්මට සිටු මැඳුර දෙසට දුවගෙන ගියා. "අයියෝ මගේ වස්තුව රජ්ජුරුවෝ මිනිස්සුන්ට පැහැර ගන්ට දීලා වගෙයි" කියලා ගිහින් ගිහින් මිනිස්සුන් ළඟ තියෙන බඳුන් උදුරා ගන්ට හැදුවා. සිටාණන් අල්ල ගන්න ගන්න අය පහර දුන්නා. සිටුමැඳුරට ඇතුළු වෙන්ට හැදුවා විතරයි. දොරටුපාලයා දුවගෙන ආවා.

"ඕ හෝ... අපේ සිටුතුමාගේ වෙස් අරගෙන තෝ ආවාද... කවුද තෝ... ආ පැත්තක් බලාගෙන පල" කියලා පහර දී බෙල්ලෙන් අල්ලා එළියට දැම්මා. "අනේ දැන් මට රජ්ජුරුවන් ගෙන් හැර වෙන පිහිටක් නෑ" කියලා කෙලින් ම රජ මැඳුරට දිව්වා. රජ්ජුරුවෝ ඉදිරියේ වැඳ වැටුනා.

"අනේ දේවයන් වහන්ස, මං මොන වරදක් කළාටද උදහස් වුනේ? ඇයි මගේ සිටු මැඳුරේ වස්තුව ජනතාවට පැහැර ගන්ට දුන්නේ?"

"ඈ... සිටුවරය... මං කාටවත් ඔබේ වස්තුව පැහැරගන්ට දුන්නේ නෑ. ඔබ නොවැ ඉස්සෙල්ලා ම මට කිව්වේ භාණ්ඩාගාරයට ම ගන්ට කියලා. මං එපා කීව නිසා ඔබ ම යි දන් දෙන්ට ඕනෑ කිව්වේ. දූන් මේ මොකක්ද කියන්නේ?"

"අනේ නෑ දේවයන් වහන්ස, මං ඔබවහන්සේ ළඟට අවේ නෑ. මං කාටවත් මොකුත් ම දෙන්ට කැමති නැති වග ඔබවහන්සේ නොදන්නා සේක්ද? අනේ දේවයන් වහන්ස, මට පිහිට වෙන සේක්වා. කවුරුහරි මගේ වේශයෙන් ඇවිත් දන් දෙනවා නම් ඒ ගැන විමසන සේක්වා!"

"එතකොට රජ්ජුරුවෝ සිටුමැදුරට පණිවිඩ යවලා ඉල්ලීස සිටාණන්ව කැඳෙව්වා. දූන් රජ්ජුරුවෝ ඉදිරියේ එකම රූපයෙන් යුතු ඉල්ලීස සිටුවරු දෙන්නෙක් ඉන්නවා. රජ්ජුරුවන්ට කවුද ඇත්ත ඉල්ලීස කියලා තීරණයක් ගන්ට බැරිව ගියා. "හරි... මෙතන ඉන්න හැබෑ ඉල්ලීස දන්නේ කවුද?"

එතකොට හැබෑ ඉල්ලීස මෙහෙම කිව්වා. "දේවයන් වහන්ස, මගේ බිරිඳ දන්නවා." "හොඳයි, මං දූන් ඔබතුමීට කියනවා තමන් ගේ සැමියා ළඟට යන්ට කියලා"

එතකොට සිටුබිරිඳ ඉල්ලීස වෙස් ගත් සක් දෙවිඳු ළඟට ගියා. දරුවොත් දූසි දස්සනුත් හැමෝ ම සක්දෙවිඳුගේ පැත්තට ගියා. එතකොට හැබෑ ඉල්ලීස මෙහෙම කිව්වා. "දේවයන් වහන්ස, මේක වෙන්ට බැරි දෙයක්. මගේ හිසේ පිළිකා ගෙඩියක් තියෙනවා. ඒක කරණවෑමියා ඇර වෙන කවුරුවත් දූකලා නෑ. ඔහුව

කැඳවන්න. ඔහු හරි කෙනා තෝරා ගනීවි. ඒ කාලේ බෝධිසත්වයෝ කරණවෑමියා වෙලා සිටියේ. රජ්ජුරුවෝ ඔහුව කැඳවා හැබෑ ඉල්ලීසව හඳුනාගන්ට කිව්වා. බැලින්නම් දෙන්නාගේ ම හිසේ පිළිකා ගෙඩි. එතකොට බෝධිසත්වයෝ මේ ගාථාව කිව්වා.

"දෙන්න ගේ ම පා කොරවී ඇත්තේ
දෙන්න ගේ ම අත වකුටුව ඇත්තේ
දෙන්න ගේ ම ඇස් වපරව ඇත්තේ
දෙන්න ගේ ම හිස පිළිකා ඇත්තේ
මේ දෙදෙනා ගෙන් සැබෑ කෙනා
කවුද කියන්නට මට ද නොහැක්කේ"

මේ වචනය ඇසෙනවාත් සමග ඉල්ලීස සිටාණන් ගේ අන්තිම බලාපොරොත්තුවත් සුන් වුනා. සිහි නැතිව එතැන ම වැටුනා. එසැණින් ම සක්දෙවිඳු රජ්ජුරුවන්ට මෙහෙම කිව්වා.

"රජතුමනි... මං ඉල්ලීස නොවෙයි" කියලා මහානුභාවසම්පන්න ශක්‍රදේවේන්ද්‍ර ලීලාවෙන් අහසේ සිටගත්තා. ඉල්ලීස සිටාණන්ට මුහුණට පැන් ඉස සිහි ගත්තා. ඔහු නැගිට සක්දෙවිඳුට වන්දනා කොට සිටගත්තා. සක්දෙවිඳු සිටාණන් ඇමතුවා.

"ඉල්ලීස, මේ ධනය මගේ. ඔබේ නොවේ. මං ඔබේ පියා. ඔබ මගේ පුතා. මං බොහෝ දන් දීලා පින්කොට මේ ශක්‍ර බවට පත් වුනේ. නමුත් ඔබ අපගේ පරම්පරාවෙන් පවත්වාගෙන ආ දන්සැල ගිනි තිබ්බා. යාචකයන්ට ගහල පැන්නුවා. මං උපදවා දුන් ආදායම් රැස්කළා මිසක් තමන් අනුභව කළෙත් නෑ. අනුන්ට දුන්නෙත් නෑ. පුත්‍රය තොප දන් දීම පුරුදු නොකළොත් මෙන්න මේ ඉන්ද්‍රවජිර

ආයුධයෙන් හිස සිඳ තොපව මරා දමනවා.”

එතකොට ඉල්ලීස සිටාණෝ හොඳට ම භයවෙලා දමනය වුනා. දන් දෙනවා කියලා වැඳගෙන පොරොන්දු වුනා. සක්දෙවිඳු ඉල්ලීස ගේ සිටුමැදුර වස්තුවෙන් පිරෙව්වා. නොපෙනී ගියා. එදා පටන් ඉල්ලීස සිටු බොහෝ දන් දීලා මරණින් මතු දෙව්ලොව ගියා.

ඉතින් මහණෙනි, එදා ඉල්ලීස වෙලා හිටියේ මෙදා මසුරු සිටාණන්. එදා සක්දෙවිඳුව ඔහුව දමනය කළේ අදත් පෙළහර දක්වා මොහුව දමනය කළ අපේ මොග්ගල්ලානයන්. එදා කරණවෑමියා වෙලා සිටියේ මම යි කියා භාග්‍යවතුන් වහන්සේ මේ කථාව වදාළා.

09. බරස්ස ජාතකය
හිස් මිනිසුන්ට බෙර වැයීම ගැන කථාව

පින්වතුනේ, පින්වත් දරුවනේ,

මේ සසර පුරා ම තියෙන්නේ අසාධාරණය, වංචාව, බොරුව, මායාව ආදිය යි. ඉතා ඈත අතීතයේ වාසය කළ මිනිස්සුත් ඒ වගේ ම තමයි. මේ කථාව එබඳු දෙයක්. ඒ දිනවල අපගේ භාග්‍යවතුන් වහන්සේ වැඩ වාසය කළේ සැවැත්නුවර ජේතවනයේ. ඒ කාලේ කොසොල් රජ්ජුරුවන් ගේ අමාත්‍යවරයෙක් රජ්ජුරුවන්ව පහදවාගෙන රජ්ජුරුවන් ගෙන් තෑග්ගක් හැටියට ඈත පළාතක ගම්මානයක් ලැබුනා. මොහු හොර කල්ලියක් එක්ක රහසේ ගනුදෙනු කළා.

"මිතුරනේ, මං ගමේ මිනිසුන් කැඳවාගෙන වනාන්තරේ කටයුතුවලට ගෙනියන්නම්. ඔබලා ගමට ගිහින් මංකොල්ල කාලා ඒකේ භාගයක් මට දෙන්ට. ඉතිරි භාගේ ඔහේලා ගන්ට"

ඉතින් මේ ඇමතියා මිනිසුන් සමඟ වනයට යනවා. හොරු ගමට පනිනවා. ගවයන් මරා මසුත් කාලා ගෙවල් බිඳලා වස්තුවත් අරගෙන පිටත් වෙනවා. එතකොට ඇමැතියා බොරුවට ඒ ගැන දුක් වෙලා පරීක්ෂණ පවත්වනවා. කලක් යද්දී ඇමතියාගේ

හොරවැඩ මහජනයා දැනගත්තා. රජ්ජුරුවන්ට මේ ගැන පැමිණිලි කළා. රජ්ජුරුවෝ මේ ගැන සොයා බලනවිට ඇමතියා වැරදිකරු බව අහු වුනා. ඔහුව ඇමතිකමෙන් අස්කළා. වෙනත් අයෙකුට ඒ ගම භාරදුන්නා. කොසොල් රජ්ජුරුවෝ මේ කාරණය භාග්‍යවතුන් වහන්සේට සැලකළා. භාග්‍යවතුන් වහන්සේ මෙසේ වදාළා.

"මහරජ, මිනිසුන් ගේ ඔවැනි ගතිගුණ තිබුනේ දැන් පමණක් නොවේ. ඉස්සර කාලෙත් ඔවැනි මිනිස්සු හිටියා." එතකොට රජ්ජුරුවෝ යටගිය දවස මිනිසුන් ගේ ගතිගුණ ගැන කියාදෙන්ට කියලා භාග්‍යවතුන් වහන්සේ ගෙන් ඉල්ලා සිටියා. භාග්‍යවතුන් වහන්සේ මේ ජාතකය වදාළා.

"මහරජ, ගොඩාක් ඈත කාලෙක බරණැස් පුරේ බ්‍රහ්මදත්ත නම් රජ්ජුරු කෙනෙක් රාජ්‍ය කළා. බරණැස් රජතුමාත් එක්තරා ඇමැතියෙකුට ගම්මානයක් තෑගි දුන්නා. ඒ ඇමතියත් කළේ ඔය මංකොල්ලය ම යි. එදා බෝධිසත්වයොත් වෙළඳාමේ ගිහින් ඒ ගමේ නැවතිලා සිටියා. එදා ඒ ඇමතියා ජනතාව ලවා මල්මාලා දම්මවාගෙන, නැටුම් ගැයුම් බෙර ගසාගෙන වනයේ සිට හවස්වෙලා ගමට ආවා. එතකොට හොරු ගමට වැදිලා මංකොල්ල කාලා වනාන්තරයට පලා ගියා. බෝධිසත්වයෝ කෑ ගහලා මෙහෙම කිව්වා.

"මිනිසුනේ, ඔය ඇමැතියා ම තමයි මංකොල්ලය මෙහෙයවන්නේ. දැන් ශාන්තදාන්තව මල් මාලා පළන්දවාගෙන හේවිසි හොරණෑ මැද්දේ එන්නේ ඔබව රවට්ටන්ට යි" කියලා මේ ගාථාව කිව්වා.

"හොරුන් ලවා මූලිකයන්
මංකොල්ලය ඉතා ජයට කරගෙන යන්නේ
අසරණ ගවයන් ද මරා මසුත් කකා
දුගියන්ගේ වස්තුව ම යි මෙවුන් පැහැර ගන්නේ
ලැජ්ජා භය කිසිත් නැති ව
ජනයා මැද මිහිරි සිනා මවා පාන්නේ
හේවිසි හොරණෑ වයමින්
මොවුන් හට කිමද මෝඩ ජනයා සද්ද දමන්නේ"

බෝධිසත්වයෝ මේ ගාථාව කියපු ගමන් මේ අපරාධ මෙහෙයවන්නේ කව්ද කියා ජනතාවට තේරුණා. මිනිස්සු රජ්ජුරුවන්ට පැමිණිලි කළා. රජ්ජුරුවෝ ඒ ඇමතියාව නෙරපා දැම්මා.

මහරජ, ඉස්සරත් ඔහොම තමයි. එදා මංකොල්ලෙට හවුල් වෙච්චි ඇමතියා ම තමයි අදත් ඔය වැඩේ කරලා තියෙන්නේ. එදා ජනතාව දැනුවත් කළ පණ්ඩිත මනුෂ්‍යයා වෙලා සිටියේ මම යි."

10. භීමසේන ජාතකය

භීමසේන ගේ කථාව

පින්වතුනේ, පින්වත් දරුවනේ,

තමන් ළඟ මොකුත් නැතුව බොරුවට මහන්තත්තකම් හුවා දක්වන අය මේ ලෝකේ හරියට ඉන්නවා. නමුත් හැබෑ අවශ්‍යතාව ඇති වූ වෙලාවට ඔවුන්ට කිසිම දෙයක් කරගන්ට බෑ. ඒ නිසා කවරදාකවත් පුහු කයිවාරු කතා කියන්ට හොඳ නෑ. තමන් ගේ තරම දැනගෙන කටයුතු කිරීමේ වැදගත්කම ගැන අපූරු කතාවකුයි ඔබ දැන් ඉගෙන ගන්නේ.

ඒ කාලේ අපගේ භාග්‍යවතුන් වහන්සේ වැඩ වාසය කළේ සැවැත්නුවර ජේතවනාරාමයේ. ඔය කාලෙ ම තමන් ගේ මහන්තත්තකම බොරුවට හුවා දක්වන එක්තරා භික්ෂුවක් හිටියා. ඔහු නිතර ම සංඝයා මැදට ගිහින් තමන් ගේ පවුල් තත්වය ගැන බොරුවට හුවා දක්වා කතා කරනවා.

"ඇවැත්නි, අපේ පරම්පරාවේ මං තමයි මෙහෙම පැවිදිවෙලා පිණ්ඩපාතෙන් ජීවත්වෙන්නේ. හප්පා... අපි මහා වංශවත් පවුල්වලට අයිති අය ඇවැත්නි. අසවල් රාජ පරම්පරාව කීවාම අපේ පලාතෙ කව්රුත් දෙකට තුනට නැමෙනවා. අපේ ගෙවල්වලත් එහෙම තමයි. දැන් අපි මැටි පාත්තරේ වැළඳුවාට මාත් රන් තැටියේ රන්

හැන්දෙන් බත් කාපු කෙනෙක්. දැන් පාවහන් නැතිව හිටියට රන් මිරිවැඩි දාපු කෙනෙක්. සමහර ගෙවල්වල නම් වැඩකාරයන්ට වෙනම උයනවලු. අනේ අපේ ගෙවල්වල එහෙම නෑ. ඇල්හාලේ බතුයි මස් ව්‍යංජනයි තමයි එයාලටත් දෙන්නේ. දැන් අපි දුගී ගෙවල්වලින් ලැබෙන දානෙ වැළඳුවට හප්පේ... ගෙවල්වල ඉන්නැද්දී බලන්ට එපායැ අපි කාපු හැටි"

මේ විදිහට දිගින් දිගට තමාව හුවා දක්ව දක්වා කතා කරනවා. එතකොට අනිත් භික්ෂූන් වහන්සේලා කරබාගෙන ඉන්නවා. සමහරු බොහෝම ගරුසරු කරන්ට පටන් ගන්නවා. එක්තරා භික්ෂුවකට මේ භික්ෂුවගේ කයිවාරු කතාව ගැන සැක හිතුනා. ඔහුගෙන් ම ගෙවල් දොරවල්වල, ගම් පලාත්වල විස්තර දැනගෙන එය හැබෑදැයි බලන්ට ඒ පලාතට ගියා. ගිහින් බැලින්නම් සාමාන්‍ය පවුලකින් ආපු සාමාන්‍ය කෙනෙක්. එතකොට ඒ භික්ෂුව ඇවිත් මේ කතාව සංඝයා මැද හෙළි කළා. එදා පටන් අර භික්ෂුවට තමන් ගේ පවුල් තත්වය හුවා දක්වන්ට ලැබුනේ නෑ. භික්ෂූන් වහන්සේලා භාග්‍යවතුන් වහන්සේට ඒ භික්ෂුව ගැන සැලකලා.

"ස්වාමීනි, භාග්‍යවතුන් වහන්ස, අසවල් භික්ෂුව මෙබඳු වූ සසර දුකින් නිදහස් කරවන, නිවන් අවබෝධය ලබාදෙන උතුම් බුදුසසුනේ පැවිදි වෙලා සැබෑම පවුල් තත්වයක් නැතුව බොරුවට මහා ක්ෂත්‍රිය වංශයේය, මහා රාජ භෝජන වැළඳුවේය යනාදී වශයෙන් තමා හුවා දක්වනවා."

"මහණෙනි, ඔය භික්ෂුව තමාව හුවා දක්වා දක්වා බොරුවට මවා පෑවේ මේ ආත්මේ විතරක් නොවේ. පෙර ආත්මෙත් ඔහොම තමයි. බොරු උජාරුවට නැති දේවල්

තියෙනවා කිය කිය කතා කරලා අමාරුවේ වැටුනා."

එතකොට භික්ෂූන් වහන්සේලා මේ භික්ෂුවගේ ඒ අතීත කතාව කියාදෙන්ට කියලා භාග්‍යවතුන් වහන්සේ ගෙන් ඉල්ලා සිටියා. භාග්‍යවතුන් වහන්සේ මේ ජාතකය වදාළා.

"පින්වත් මහණෙනි, ගොඩාක් ඉස්සර කාලෙක බරණැස් නුවර බ්‍රහ්මදත්ත නම් රජ්ජුරුකෙනෙක් රාජ්‍ය කළා. ඒ කාලේ බෝධිසත්වයෝ එක්තරා නියම්ගමක උසස් බ්‍රාහ්මණ පවුලක උපන්නා. තක්සලාවට ගිහින් ත්‍රිවේදයත් දහඅට වැදෑරුම් ශිල්ප ශාස්ත්‍රත් ඉගෙනගෙන විශාරදයෙක් වුනා. ඒ නිසා ම චුල්ලධනුග්ගහ පණ්ඩිතයෝ කියලා ප්‍රසිද්ධ වුනා. ඉතින් ඉතාම දක්ෂභාවයට පත් බෝධිසත්වයෝ රස්සාවක් සොයාගැනීමට මහිංසක නමැති රටට ගියා. ඒ ජන්මයේ දී බෝධිසත්වයෝ ටිකක් මිටියි. නැමිලා යන ආකාරයක් තිබුනා. ඉතින් ඔහු මෙහෙම කල්පනා කළා.

"ඉදින් මං කෙලින් ම රජකෙනෙක් බැහැදකින්ට ගියොත් මගේ මේ ශරීරයේ ස්වභාවය නිසා මගේ දක්ෂතාව තේරුම්ගන්න එකක් නෑ. ඒ නිසා හොඳට උසමහත සිරුරක් ඇති කඩවසම් පුරුෂයෙක් සොයා ගෙන ඔහුව පෙරට තබාගෙන මං ඔහු ගේ පිටුපසින් ඉඳගෙන සේවය කරන්ට ඕනෑ"

ඉතින් බෝධිසත්වයෝ එබඳු පුරුෂයෙක් සොය සොයා සිටිද්දී දවසක් භීමසේන නමැති නූල් වියන්නෙක් හමු වුනා. තමන් සොයන ජාතියේ හැඩරුවක් මේ තරුණයාට තිබුනා. ගිහින් කතාබස් කළා. "එම්බා තරුණය, ඔතරම් ලස්සන කඩවසම් රූපයක් තියාගෙන මෙවැනි ලාමක රස්සාවක් කරන්නේ ඇයි?"

"අනේ මිත්‍රය මට ජීවත් වෙන්ට ක්‍රමයක් නැති නිසයි මේ රස්සාව කරන්නේ"

"නෑ මිත්‍රය, මං සමාන දක්ෂ දුනුවායෙක් මේ මුළු දඹදිවවත් නෑ. නමුත් මට පොඩි ප්‍රශ්නයක් තියෙනවා. ඒ මගේ ශරීරයේ ඇති මිටි බවයි. රජකෙනෙක් වුනත් එක්වරම මගේ දක්ෂතා මේ නිසා පිළිගන්න එකක් නෑ. ඒ නිසා ඔබ දක්ෂ දුනුවායෙක් විදිහට රජු ඉදිරියට ඉදිරිපත් වෙන්ට. පසු පසින් සිට මං අවශ්‍ය දේ කර දෙන්නම්. රාජ වරප්‍රසාද වලින් ඔබටත් මටත් සුවසේ ජීවත්වන්ට පුළුවන් නොවැ. මගේ මේ වචනය කරන්න." එතකොට භීමසේනත් ඒ අදහසට කැමැති වුනා.

ඉතින් චුල්ලධනුග්ගහපණ්ඩිතයෝ භීමසේනත් අරගෙන බරණැසට ගියා. භීමසේනව පෙරටු කරගෙන භීමසේන ගේ උපස්ථායකයෙක් වගේ රජතුමාව බැහැදකින්ට ගියා. භීමසේන රජ්ජුරුවන්ට මෙහෙම කිව්වා. "දේවයන් වහන්ස, මම භීමසේන. මං දුනුවායෙක්. මාත් සමග සම සම වූ ධනුර්ධරයෙක් මේ මුළු දඹදිව ම නෑ."

"හරි භීමසේන, මම ඔබ ගේ සේවය ලබාගන්ට කැමැතියි. මගෙන් කුමක් ද කෙරෙන්ට ඕනෑ?"

"දේවයන් වහන්ස, දෙසතියකට කහවණු දහස ගණනේ ලැබෙනවා නම්, මම සේවය කරන්ට කැමතියි"

"එතකොට භීමසේන, ඔබ ළඟ සිටින මේ පුරුෂයා කව්ද?"

"දේවයන් වහන්ස, ඒ මගේ උපස්ථායකයා"

"හොඳයි... භීමසේනට හොඳින් උපස්ථාන කරන්ට එහෙනම්" කියලා රජතුමා එදා පටන් ඔවුන්ව සේවයට

ගත්තා. අවශ්‍යතාවයක් වුනොත් බෝධිසත්වයෝ තමයි ඉෂ්ට කරන්නේ.

ඔය කාලේ කාසි රටේ මිනිසුන් බහුලව ගමන් කරන මාර්ගයක මිනී කන ව්‍යාඝ්‍රයෙක් සිටියා. ඒ ව්‍යාඝ්‍රයා මාර්ගයේ යන මිනිසුන් ව ඇදගෙන ගිහින් කනවා. මහජනයා රජතුමාට මේ විපත සැලකලා. රජ්ජුරුවෝ භීමසේන කැඳෙව්වා. "දරුව, ඒ ව්‍යාඝ්‍රයාව අල්ලාගන්ට පුළුවනි ද?" "දේවයන් වහන්ස, ඕක මොකක්ද. මං වගේ දුනුවායෙකුට ව්‍යාඝ්‍රයෙක් අල්ලාගන්ට බැරිද." එතකොට රජ්ජුරුවෝ ඔහුට වියදම් දීලා ව්‍යාඝ්‍රයා අල්ලන්ට කියලා පිටත් කෙරව්වා. භීමසේන ගෙදර ගිහින් බෝධිසත්වයන්ට විස්තරේ කිව්වා. "හොඳයි මිත්‍රය, යන්න" "එතකොට ඔබ එන්නේ නැද්ද?" "ඔව්... මං එන්නේ නෑ. මං උපායක් කියන්නම්. ඔබ ව්‍යාඝ්‍රයා ඉන්න තැනට එකපාරට ම කඩාපනින්ට එපා. ජනපද මිනිසුන්ව රැස් කරවා ගෙන දුනු දහසක් හෝ දෙදහසක් හෝ ගෙන්වාගෙන එතැනට යන්න. ව්‍යාඝ්‍රයා නැගිට්ට බව දැනගත්ත ගමන් දුවගෙන ගිහින් වන ලැහැබට රිංගා බඩගාගෙන ඉන්න. ජනපද මිනිස්සු ව්‍යාඝ්‍රයාව මරලා දමාවි. ඔබ දත්වලින් එක් වැලක් කඩාගෙන ඇවිත් මැරුණ ව්‍යාඝ්‍රයා ළඟට ගිහින් මෙහෙම කියන්න. "අයියෝ මිත්‍රවරුනි, කව්ද මේ ව්‍යාඝ්‍රයාව මැරුවේ? මං මේ වැලක් කඩාගෙන එන්ට ගියා. මට ඕනෑ වුනේ ගොනෙක් වගේ වැලෙන් බැඳගෙන අපේ දේවයන් වහන්සේ ළඟට ඇදගෙන යන්ටයි. මං වන ලැහැබට ගිය ටිකට කව්ද මේකාව මැරුවේ" කියලා අහන්ට. එතකොට ජනපදවාසී මිනිස්සු හොඳට ම භය වෙලා "අනේ හිමියනි, අපේ දේවයන් වහන්සේට මේ ව්‍යාඝ්‍රයාව මැරූ වග දැනගන්ට තියන්ට එපා" කියලා ඔබට තෑගි භෝග දේවි.

එතකොට භීමසේන බෝධිසත්වයන් කියූ ලෙස ම

කටයුතු කළා. මිනිස්සුන් විසින් ව්‍යාඝ්‍රයාව මරා දැම්මා. මහජනයා පොරොන්දු කරගෙන රජ්ජුරුවන්ව බැහැදැක ව්‍යාඝ්‍රයාව පෙන්නුවා. රජ්ජුරුවෝ ඔහුට බොහෝ තෑගිභෝග දුන්නා.

තවදවසක් කුළුමීමෙකු ගෙන් මිනිසුන්ට කරදර ආවා. රජ්ජුරුවෝ භීමසේන කැඳවලා ඌව අල්ලන වැඩේ භාර දුන්නා. බෝධිසත්වයන් ගේ උපදෙස් මත ඌත් ඇල්ලුවා. එවරත් රජ්ජුරුවෝ ඔහුට බොහෝ ධනය දුන්නා. දැන් මොහු ඉසුරු මදයෙන් මත් වුනා. බෝධිසත්වයන්ව අවඥාවට ලක් කළා. ගණන් ගත්තේ නෑ. "මං ජීවත් වෙන්නේ ඔහේ නිසා නොවෙයි. ඔහෙත් පුරුෂයෙක් නොවැ. ඔහේටත් පුළුවන් නොවැ මං වගේ වැඩක්පලක් කරලා ජීවත් වෙන්න" යනාදී දේ කියමින් අපහාස කළා.

වැඩි දවසක් ගියේ නෑ. සතුරු රජවරු ඇවිත් බරණැස් රාජ්‍ය වටකළා. "එක්කෝ බරණැස් රාජ්‍යය අපට දෙන්න. නැත්නම් යුද්ධයට සූදානම් වෙනු" කියලා. රජ්ජුරුවෝ " අපි රාජ්‍යය දෙන්නේ නෑ. යුද්ධ කරනවා" කියලා යුද්ධය පිණිස භීමසේන පිටත් කළා. එතකොට භීමසේන සියලු යුද සන්නාහයෙන් සැරසිලා හටවෙස් ගෙන යුද්ධයට සරසපු ඇත්රජා පිටේ වාඩි වුනා. බෝධිසත්වයෝ ත් යුද සන්නාහයෙන් සැරසිලා භීමසේනට පිටුපස ආසනයේ හිඳගත්තා. ඇත්රජා මහාජනකාය පෙරටුකරගෙන යුද භූමියට පිවිසුනා. භීමසේන යුද්ධ බෙර හඬ ඇහෙද්දී ම වෙව්ලන්ට පටන්ගත්තා. 'මොහු දැන් ම මේ ඇතා පිටින් වැටිලා මැරේවි' කියලා සිතූ බෝධිසත්වයෝ ඔහුව වැටෙන්ට නොදී යොතින් වට කරලා බැන්දා. යුද්ධයේ පහර දීම් දැක්කා විතරයි මරණභයට පත් භීමසේනට ඇතා පිට ම අසූචි පහවුනා. එතකොට බෝධිසත්වයෝ

මෙහෙම ඇහැව්වා. "භීමසේන, කලින් කතාවත් එක්ක දැන් මේ වෙන වැඩේ ගැලපෙන්නේ නැහැ නොවැ. කලින් මහා දුනුවායෙක් වගේ නොවැ මාත් එක්ක කතා කළේ. දැන් ඇතාගේ පිට වසුරු හෙලා දූෂණය කළා" කියලා මේ ගාථාව පැවසුවා.

භය නොදකින ලෙස
පුරසාරම් දෙඩුවේ ඔබයි නේද
හොඳට ම භය වී ඔබ දැන්
වසුරු හෙලා බියසුල්ලෙක් වුනා නේද
භීමසේන කලින් දෙඩූ පුරසාරම්
පසුවට එය හරසුන් වී ගියානේද
යුදයට යන එඩිතර බව දැන් නැති වී
ඇත් කඳ ගඳ ගැසුවා නේද

ඊට පස්සේ බෝධිසත්වයෝ මෙහෙම කිව්වා. "මිත්‍රය, භයවෙන්ට කාරි නෑ. මං ඉන්නැද්දී නිකම් තැති ගන්නේ මොකටද?" කියලා ඇතු පිටින් බස්සවා නහවලා ගෙදර පිටත් කළා. ඇතාවත් හනිකට පිරිසිදු කළා. සංග්‍රාම භූමියට පිවිස සතුරන් ගේ බලකොටුව බිඳ සතුරු රජුන්ව ජීවග්‍රහයෙන් අල්ලාගත්තා. බරණැස් රජ්ජුරුවෝ ළඟට රැගෙන ගියා. එදා බරණැස් රජතුමා බෝධිසත්වයන්ට බොහෝ තෑගිබෝග දුන්නා. එදා පටන් චූල්ලධනුග්ගහ පණ්ඩිතයන් කියලා මුළු දඹදිව ම ප්‍රසිද්ධ වුනා.

මහණෙනි, එදා භීමසේන වෙලා සිටියේ බොරුවට පුරසාරම් දෙඩූ භික්ෂුව යි. චූල්ලධනුග්ගහපණ්ඩිතයෝ වෙලා සිටියේ මම යි" කියා භාග්‍යවතුන් වහන්සේ මේ ජාතකය නිමවා වදාළා.

මහාමේඝ ප්‍රකාශන

- **සදහම් සිතුවම් පොත් පෙළ :**

01. ඡත්ත මාණවක
02. බාහිය දාරුචීරිය මහරහතන් වහන්සේ
03. පිණ්ඩෝල භාරද්වාජ මහරහතන් වහන්සේ
04. සුමන සාමණේර
05. අම්බපාලී මහරහත් තෙරණියෝ
06. රට්ඨපාල මහරහතන් වහන්සේ
07. සක්කාර නුවර මසුරු කෝසිය
08. කිසාගෝතමී
09. උරුවේල කාශ්‍යප මහරහතන් වහන්සේ
10. සංකිච්ච මහරහතන් වහන්සේ
11. සුප්පබුද්ධ කුෂ්ඨ රෝගියා
12. නිවී ගිය සේක බුද්ධ දිවාකරයාණෝ
13. සුමන මල් වෙළෙන්දා
14. කාලි යක්ෂණිය
15. මුගලන් මහරහතන් වහන්සේ
16. ලාජා දෙවඟන
17. ආයුවඩ්ඪන කුමාරයා
18. සන්තති ඇමති
19. මහධන සිටුපුත්‍රයා
20. අනේපිඩු සිටුතුමා
21. නන්ද මහරහතන් වහන්සේ
22. මණිකාර කුළුපග තිස්ස තෙරණුවෝ
23. විශාඛා මහෝපාසිකාව
24. පතිපූජිකාව
25. සිරිගුත්ත සහ ගරහදින්න
26. මහාකස්සප මහරහතන් වහන්සේ
27. අහෝ දෙව්දත් නොදිටි මොක්පුර
28. භාගිනෙය්‍ය සංඝරක්ඛිත මහරහතන් වහන්සේ
29. උදලු කෙටිය
30. සාමාවතී සහ මාගන්දියා
31. සිරිමා
32. බිළාලපාදක සිටුතුමා

- **ඉංග්‍රීසි භාෂාවට පරිවර්තනය වී ඇති ධර්ම දේශනා ග්‍රන්ථ :**

01. Mahamevnawa Pali-English Paritta Chanting Book
02. The Wise Shall Realize
03. The life of Buddha for children

- **ඉංග්‍රීසි භාෂාවට පරිවර්තනය වී ඇති සූත්‍ර දේශනා ග්‍රන්ථ :**

01. Stories of Ghosts
02. Stories of Heavenly Mansions
03. Stories of Sakka, Lord of Gods
04. Stories of Brahmas
05. The Voice of Enlightened Monks
06. The Voice of Enlightened Nuns

- **ඉංග්‍රීසි භාෂාවට පරිවර්තනය වී ඇති සදහම් සිතුවම් පොත් :**

01. Chaththa Manawaka
02. The Great Arhant Bahiya Darucheeriya
03. The Great Arhant Pindola Bharadvaja
04. Sumana the Novice monk
05. Stingy Kosiya of Town Sakkara
06. Kisagothami
07. Sumana The Florist
08. Kali She-devil
09. Ayuwaddana Kumaraya
10. The Banker Anathapindika
11. The Great Disciple Visākhā
12. Siriguththa and Garahadinna

www.ingramcontent.com/pod-product-compliance
Lightning Source LLC
Chambersburg PA
CBHW070550030426
42337CB00016B/2433
* 9 7 8 9 5 5 6 8 7 0 9 6 1 *